MERCADOTECNIA Y COMPETITIVIDAD

MERCADOTECNIA Y COMPETITIVIDAD

Resumen de Proyectos de Investigación

Dra. Nora Hilda González Durán
Dr. Juan Carlos Guzmán García
Dr. Juan Antonio Olguín Murrieta
Dr. Javier Guzmán Obando
M.I. Federico Gamboa Soto

Número de Control de la Biblioteca del Congreso de EE. UU.: 2019912640
ISBN: Tapa Dura   978-1-5065-2997-4
               Tapa Blanda   978-1-5065-2996-7
               Libro Electrónico   978-1-5065-2995-0

Información de la imprenta disponible en la última página.

Fecha de revisión: 27/08/2019

Para realizar pedidos de este libro, contacte con:
Palibrio
1663 Liberty Drive, Suite 200
Bloomington, IN 47403
Gratis desde EE. UU. al 877.407.5847
Gratis desde México al 01.800.288.2243
Gratis desde España al 900.866.949
Desde otro país al +1.812.671.9757
Fax: 01.812.355.1576
ventas@palibrio.com
799954

ÍNDICE

El diagnóstico de las microempresas es una actividad que contribuye a mejorar su competitividad. El desarrollo de una herramienta especializada para el diagnóstico de microempresas dedicadas al giro comercial sirve para potencializar los servicios de consultoría y facilitar la interacción con organizaciones que desean aumentar su competitividad. El desarrollo de esta herramienta representa una nueva oportunidad para que el empresario pueda conocer de manera rápida y eficiente el estado de operación de su empresa.

Hoy en día la consultoría de empresas es una práctica profesional que ha tenido un crecimiento exponencial debido a los buenos rendimientos que han obtenido las organizaciones después de emplear sus servicios. Por ello, ante una constante evolución en las buenas prácticas administrativas en el mundo empresarial, las organizaciones se ven en la necesidad de recurrir a sus servicios cada vez más; ya no como una estrategia para resolver problemáticas dentro de ella, sino como la aplicación de técnicas que les servirá para generar valor a sus empresas y que se reflejará en sus clientes a través de un mejoramiento en la calidad, el precio y la innovación de sus productos.

La consultoría de empresas es el desarrollo de un proyecto a través del cual se potencializan procesos, procedimientos, departamentos o toda una organización a través de la investigación, diagnostico, creación de estrategias y puesta en marcha de líneas de acción que permitirán explotar sus recursos de una manera más eficiente, reducir sus costos de operación, arrancar un nuevo departamento o el lanzamiento de un nuevo producto.

Según las buenas prácticas de consultoría dicho proceso debe comenzar con el acercamiento por parte del empresario que consciente de la importancia de sus productos como satisfactor de las necesidades de su cliente, busca aumentar los niveles de aceptación de ellos y generar un lazo más fuerte entre consumidor y productor como el resultado de un proceso ganar-ganar.

De este modo, consciente de los beneficios, contacta al consultor para una entrevista inicial en la cual habrá de tenerse una plática donde los lazos de confianza sean los que sostienen el canal comunicativo a fin de exponer la problemática empresarial al profesional de consultoría. Es en esta entrevista que el consultor habrá de tener la habilidad necesaria para recolectar los generales de la actividad empresarial, conocer sobre sus procesos, clientes y proveedores a fin de realizar un diagnóstico previo que permita identificar de manera general las áreas de oportunidad y así, en conjunto con la problemática expuesta por el empresario y los datos obtenidos por el profesional de consultoría poder generar una propuesta de trabajo en la que habrá de definirse de manera clara y concreta cual sería el proyecto que habría de desarrollarse y cuáles serían sus alcances, las áreas de oportunidad donde lograr mejores rendimientos, el tiempo y recursos necesarios que deberán ser invertidos por ambos.

El siguiente paso será llevar a cabo la celebración de un contrato donde habrán de definirse a detalle todos y cada uno de los requerimientos por parte del consultor, la agenda de trabajo y el personal con el que habrá de reunirse a fin de hacer más eficientes las entrevistas con los colaboradores y poder recolectar toda la información necesaria para la correcta realización del proyecto de consultoría; así como los objetivos y la forma de lograrlos.

Otro elemento importante en el documento será la parte que le corresponde al empresario, es decir todo aquello que él espera del consultor, el total de horas que habrá de consumirse durante la realización del proyecto, los documentos que habrán de generarse y entregar a la organización y en algunos casos también la responsabilidad que tendrá cada una de las partes en la realización del proyecto.

En la mayoría de los casos, los proyectos de consultoría culminan con el desarrollo de las estrategias y líneas de acción, pero en algunos casos también tienen alcances hasta la implementación del mismo. Este tipo de proyectos son los más complicados, puesto que requieren un mayor involucramiento por parte del consultor dentro de la empresa ya que se presentan altos niveles de resistencia al cambio en la mayoría de los casos e incluso, algunos colaboradores llegan a pensar que su trabajo se ve amenazado por el consultor.

Las microempresas

Las microempresas en México representan el sector empresarial más grande activo en el mercado, al registrar una participación mayor al 95% del total de las empresas que se encuentran registradas dentro de la base de datos del Sistema de Información Empresarial Mexicano (Sistema de Información Empresarial Mexicano, 2012). Según información publicada por la Secretaría de Economía en México, las microempresas generan el 40% del empleo formal y el 15% del producto interno bruto en este país (Secretaría de Economía, 2012). Estos números sin duda son indicadores de la importancia que representan esta categoría empresarial motivo por el cual se han convertido en un segmento muy importante de atender por los profesionales del servicio de consultoría.

A pesar de la importancia en los beneficios que un consultor representa para una organización, hoy en día aún existe una resistencia a la contratación de sus servicios ya que culturalmente, este segmento es el que más difícil es llevar a cabo los cambios y un ejemplo muy claro es que un porcentaje muy alto de la totalidad de microempresas hoy en día siguen aplicando la administración de cajón, es decir sin registros financieros, controles e indicadores que les permita a estos conocer el estado real de operación de sus organizaciones. A las microempresas que siguen esta metodología administrativa se le da el atributo tradicional.

Prueba de ello son los trágicos indicadores de mortandad para las microempresas los cuales revelan de manera cruenta que 19 de cada 20 microempresas no llegan a los primeros 2 años de vida debida en esencia a este fenómeno (Instituto Nacional de Estadistica y Geografia, 2011). En otros casos, la aparición de nuevo modelo de microempresa también ha hecho estragos en sus economías, estos son la microempresa 2.0, llamada así por ser la analogía a la internet donde todo se ha renovado para facilitar su uso e incorpora nuevas técnicas que le permiten ser eficiente y rentable a menores costos de operación.

Por ello y con la finalidad de cambiar esta situación para las microempresas, en México la Secretaría de Economía ha desarrollado diversos programas a fin de contribuir a la reactivación económica del país modernizando a las microempresas a través de programas de capacitación, consultoría y créditos donde se les da asesoría a los microempresarios a través de consultores expertos y con amplio conocimiento del tema a fin de convertir sus negocios en organizaciones rentables y competitivas en una economía global capitalista que se destaca cada vez más por la alta calidad de los productos que se consumen y sus altos estándares en el servicio al cliente que es prestado por los empresarios.

A través del organismo México Emprende (Secretaría de Economía, 2012), en la actualidad se ofertan diversos apoyos que cubren hasta en un 95% el costo del servicio de consultoría y que aplican diversas metodologías que están diseñadas para atender los giros comerciales, manufactureros y de servicios en las categorías de la micro, pequeña y mediana empresa.

TRABAJOS RELACIONADOS

a).- Metodología Crece

La metodología Crece es una de las más aplicadas en la consultoría de las micros, pequeñas y medianas empresas, tiene como principal característica ser una herramienta genérica que está destinada a los tres giros empresariales. Desarrollada por el Centro de Competitividad Empresarial S.C., la metodología es utilizada como una herramienta de diagnóstico a partir de la cual el consultor desarrolla las estrategias y líneas de acción que habrán de ayudar al empresario a lograr el aumento en la rentabilidad de su empresa. Para facilitar el trabajo del consultor y ser un instrumento sencillo para el empresario, está desarrollada a partir de un cuestionario basado en la escala de Likert que abarca 5 dimensiones propuestas en su modelo de operación las cuales son: administración, mercado, finanzas, comercialización y recursos humanos.

La primer sección que corresponde al departamento administrativo está compuesta por un total 19 preguntas al empresario a través de las cuales se conoce información referente a su estructura organizacional, la planeación estratégica (en caso de contar con una), conocer como llevan a cabo el proceso de la toma de decisiones, sus políticas y procedimientos internos a fin de detectar áreas de oportunidad.

La siguiente sección del cuestionario es la referente al mercado, en ella se encuentran 20 preguntas que indagan a través del empresario sobre temas como el comportamiento de las ventas, a qué nivel conoce a sus clientes, la competencia que estos tienen y la estrategia de mercado que el empresario utiliza para mejorar sus ventas.

La tercera dimensión se refiere al análisis correspondiente a las finanzas en general, a través de 44 cuestionamientos directos donde el empresario proporciona información sobre la contabilidad de la empresa, índices de su rentabilidad, como está compuesta su estructura financiera, como es el proceso de capitalización, cuáles son sus niveles de liquidez, su generación de recursos y como llevan a cabo su planeación financiera.

La cuarta dimensión es la referente a la comercialización de los productos, y está conformada por 39 preguntas que hablan sobre los costos que se tienen en la empresa, los inventarios y su manejo, la manera en que se encuentra la distribución y la localización que la organización tiene, intenta definir la maquinaria y el equipo que intervienen en los procesos productivos, conocer su proceso comercial, la tecnología que utilizan, la calidad en el servicio prestado y por último pero no menos importante los controles normativos que son llevados dentro de la organización a fin de tener un mejor control de la misma.

Por último se tiene a la última dimensión: recursos humanos. Con un total de 12 preguntas se recaba información referente al proceso de reclutamiento y selección del personal que labora en la organización, define el perfil que este deberá tener y evalúa su capacitación, permanencia dentro de la empresa y su situación laboral para con la empresa a fin de conocer a detalle el funcionamiento de este apartado.

En total, 134 preguntas conforman el instrumento que esta metodología utiliza para llevar a cabo el correcto diagnóstico empresarial el cual posteriormente es mostrado de manera matricial en una tabla de información con los resultados obtenidos y una gráfica de tipo radar donde se aprecian los resultados de las evaluaciones obtenidas en cada una de las dimensiones.

A través de esta información, el método emite una calificación de viabilidad para la empresa y a partir de ahí el consultor deberá generar estrategias de la mano del empresario que habrán de servir para aprovechar las áreas de oportunidad de la empresa a fin de garantizar un mayor rendimiento de la misma.

b).- Metodología PYMEJICA

Esta metodología, está inspirada en la administración Japonesa de pequeñas y medianas empresas y tuvo su origen en la colaboración de la Agencia Internacional de la Competitividad Japonesa y la Secretaría de Economía de México (Consultoría Empresarial PyME-JICA, 2012). Es considerada como una de las metodologías más aceptadas por los consultores que trabajan bajo los lineamentos de dicha Secretaria y se distingue de las demás por realizar un diagnóstico empresarial en dos niveles de profundidad para cada una de las organizaciones que son sometidas a dicho análisis. La herramienta está construida en un documento electrónico de Ms-Excel el cual cuenta con un cuestionario desarrollado bajo la escala de Likert. Está diseñada para empresas dedicadas a la prestación de servicios, elaboración de productos (manufactura) y comercio dentro de las categorías de las micros, pequeñas y medianas empresas.

Esta herramienta analiza en el primer nivel de su aplicación, las principales dimensiones que el modelo propone y las cuales son la dirección/administración de la empresa la cual abordan como un mismo elemento, analizan el proceso de compras, sus ventas/tiendas, comercio, recursos y finanzas de las cuales se obtiene información a través de 50 preguntas (10 en cada sección).Una vez que se ha elaborado la primera etapa del diagnóstico se procede a realizar la codificación de la información obtenida, lo cual da origen a una matriz donde se contrastan cada una de las dimensiones del negocio y que posteriormente son representadas a través de una gráfica de radar donde se reflejan los resultados de las 6 dimensiones. Con esta información se da por terminada la primera etapa del diagnóstico y a continuación se lleva a cabo una más profunda en las dimensiones con menor calificación a través de un nuevo cuestionario más extenso y con cuestiones más específicas para su determinación.

En la segunda etapa de diagnóstico bajo esta metodología, el número de preguntas para la dirección/ administración de la misma se sustenta en 10 preguntas que sirven para conocer el máximo responsable de la administración empresarial, 10 preguntas más a conocer la postura en cuanto a la responsabilidad social de la misma, 10 preguntas sobre la existencia y aplicación de estrategias de administración, 10 sobre la organización administrativa, 10 más sobre los sistemas de información con los que pueda contar y por último 10 preguntas más sobre planes de administración para tener un banco total de 60 reactivos que ayudaran a diagnosticar dicha dimensión.

Para el análisis del área de compras de la organización, el modelo propone 10 preguntas para determinar los conocimientos básicos de compras y el surtido de mercancías que es llevado a cabo dentro de la organización. Acto seguido 10 nuevas interrogantes dan sentido al ciclo de vida y composición de los productos con los que opera la empresa. Otro punto de la misma área que es evaluado es el plan y técnica de compras, lo cual es muy importante y sirve para determinar si las compras son llevadas a cabo de manera planeada. El desarrollo de nuevos productos, también tiene cabida dentro del análisis propuesto para esta área y es llevado a cabo por 10 preguntas que ayudan a determinarla.

Para el diagnóstico del área de ventas y tiendas, se plantean 10 preguntas para cada uno de los temas referentes como lo son la ubicación y escaparate en que es exhibido el producto, las estrategias y el plan de ventas, las mercancías, precios y promoción, la manera en que se administran los clientes, letreros, exhibición y colocación de mercancías, pasillos y baños, control de luces y colores y por último las instalaciones y estacionamientos.

El apartado de recursos humanos es evaluado también con 10 preguntas para cada uno te los tópicos claves como lo son: la política de los recursos humanos, admisión y empleo, sistema de evaluación, comunicación, desarrollo de capacidad y por último bienestar y seguridad.

Por último las finanzas de la empresa son determinadas con interrogantes que abordan el sistema y los procedimientos contables, el financiamiento, la inversión en instalaciones y maquinas, rentabilidad, estructura financiera y liquidez del capital aplicando 10 interrogantes para cada una de ellas.

En México la Secretaria de Economía establece la clasificación de empresas que rige nuestro país con base en el número de empleados que en ella laboran y el monto de utilidades anuales e inicia con grandes empresas, medianas, pequeñas y microempresas.

Según información publicada en la página oficial del SIEM y que señala que su información esta basada en las empresas que se habían registrado en su padrón hasta el día 22 de Marzo del 2011 (Sistema de Información Empresarial Mexicano, 2012) la microempresa, este sector bastante amplio que agrupa desde 0 a 10 trabajadores tiene una participación del 92.45% del padrón de empresas registradas en el SIEM, con un total de 619,287 microempresas registradas.

Esto se debe principalmente, a que en líneas generales una economía de lento crecimiento en el país impide la creación de grandes proyectos que generen grandes cantidades de empleo lo cual hace indispensable la creación de más microempresas. Es este modelo de empresa el que representa un motor de crecimiento económico y de empleo para la sociedad, ya que además en el mayor de los casos, la simplicidad de sus operaciones y su bajo requerimiento técnico en el personal, permite la creación estas organizaciones que buscan satisfacer las necesidades de una sociedad de media a nula preparación profesional.

Haciendo una breve comparación entre la microempresa tradicional (que es aquella que no incorpora tecnologías de la información y modelos de administración científica simplificados dentro de su operación) y las microempresas 2.0 (la cual recibe el término genérico por aquellas que ya incorporan tecnologías de la información dentro de su funcionamiento) que recién han aparecido en el mercado, podríamos observar una ventaja clara de esta última sobre la primera.

Área de oportunidad.

Dato significativo es que en la zona sur del estado se encuentra una gran concentración de empresas, principalmente en los municipios de Altamira, Ciudad Madero y Tampico, que acumulaban un total de 7,744 de las 14,999 microempresas ubicadas en el estado en las mismas fechas (Sistema de Información Empresarial Mexicano, 2012). En la ciudad de Altamira, 4,75% (78) de las microempresas están dedicadas a la industria, el 72,96% (1,198) al comercio y el restante 22,29% (366) a la prestación de servicios, lo que es un total de 1,642 microempresas asentadas en esta ciudad (Sistema de Información Empresarial Mexicano, 2012). En ciudad Madero las representaciones manejan similares proporciones, ya que el 7,08% (89) de las microempresas se dedican a la industria, 63,33% (796) de las microempresas se dedican al giro comercial y el 29.59% (372) de las microempresas están destinadas al sector servicios, de un total de 1,257 microempresas asentadas en esta ciudad (Sistema de Información Empresarial Mexicano, 2012).

En el caso de la ciudad de Tampico de un total de 4,845 microempresa, el 5.41% (262) de las empresas están dedicadas al giro industrial, 65.37% (3,167) microempresas al giro comercial y 29.23% (1,416) microempresas al sector servicios; según información obtenida a través de la página oficial del Sistema de Información Empresarial Mexicano (Sistema de Información Empresarial Mexicano, 2012). A través de esta información se pudo determinar que en la zona sur del estado de Tamaulipas, la cual es considerada como el área de influencia para la presente investigación, se encuentran un total de 5,161 microempresas dedicadas al sector comercio y que tienen alguna de las debilidades anteriormente mencionadas y que a través del desarrollo de esta propuesta podrán ser beneficiadas aumentando su competitividad.

A partir de esto, se pone en contexto la necesidad de elaborar una herramienta de diagnóstico que atienda en específico a las microempresas comercializadoras.

Características del modelo de diagnóstico empresarial.

El modelo parte del análisis de dos metodologías existentes, las cuales son aplicadas para elaborar diagnósticos empresariales y que anteriormente fueron descritas, pero que por su diseño general para poder ser aplicables a los 3 segmentos más pequeños de la organización empresarial presentan características que pueden producir efectos no deseados en la actividad de consultoría.

Por lo tanto, el modelo propuesto será único y exclusivo para microempresas que se dediquen a la comercialización de productos. Se basará en un cuestionario que tendrá 5 opciones distintas de respuesta basadas en una escala de

Likert que ira desde A para el valor más bajo hasta llegar a D como el valor más alto.

Las áreas que serán investigadas con este instrumento son las siguientes:

- Compras: es el pilar número uno de este modelo, pues en él se inicia el proceso de comercialización con el proveedor. De la realización de un proceso eficiente de compras depende el alcanzar un buen margen de utilidades para la empresa, formar alianzas que aseguren la disponibilidad, calidad y los mejores precios con los proveedores. Se formularán preguntas que atenderán tópicos como los proveedores, alianzas, controles y registros, estrategias en las compras (5 preguntas).

- Almacén (inventarios): el proceso natural de un negocio de comercialización lleva al almacén como el lugar donde será depositada la materia prima para salvaguarda y disposición de la misma. Esta dimensión será investigada para determinar el control del inventario, el nivel de registros, si existe control de procedimientos y saber si existen políticas de calidad dentro del almacén (5 preguntas).

- Ventas: dentro de esta área se investigarán los elementos de exhibición, acomodo, proceso de ventas (comunicación, retroalimentación y venta al cliente), servirá para determinar nuevas estrategias mercadológicas dentro de la organización (5 preguntas).

- Administración: se verá todo lo referente a la planeación y líneas de acción, la organización de actividades y del personal, dirección de la empresa a través de indicadores y objetivos y por último evaluar el nivel de control de la misma (5 preguntas).

- Finanzas: esta dimensión será evaluada también con cuestionamientos directos al empresario sobre el conocimiento que este tiene sobre la utilización de indicadores básicos y simplificados que permiten conocer los índices de rentabilidad, liquidez y capitalización como elementos clave de su funcionamiento (10 preguntas).

Toda esta información será obtenida a través de un cuestionario electrónico desarrollado inicialmente en Ms-Excel aprovechando las ventajas de dicho software como hoja de cálculo y la facilidad que este da para la elaboración de gráficos de radar como elemento clave en la toma de decisiones. Estará compuesto por 30 cuestiones que darán forma al análisis que estará dado en forma de tablero de control.

Dentro de su diseño se ha determinado que sencillo y amigable de manera que facilite el flujo de la información y que ni el empresario ni el consultor necesite una larga permanencia frente al ordenador. Generará resúmenes gráficos que permitirán una rápida toma de decisiones. Contará con elementos de seguridad que permitirán tener un control sencillo sobre la información ya que no se manejarán cantidades de dinero, solo indicadores calculados por el empresario.

La herramienta está diseñada para que sea utilizada por: empresarios dueños de comercios y consultores empresariales y financieros.

A fin de dar seguimiento al desarrollo de esta herramienta y darle aun mayor practicidad se prepara el diseño y programación de una aplicación de diagnóstico que pueda ser auto aplicada por empresario o bien, que sea aplicada por el consultor de una manera más cómoda a través de un dispositivo electrónico como podría ser una computadora portátil, tablet o teléfono inteligente.

Ante un mundo globalizado donde las buenas prácticas administrativas marcan la diferencia entre las mejores empresas, destacando aquellas que generan valor para sus productos al menor costo y con una rápida adaptación a los cambios de las necesidades, la generación de una herramienta de diagnóstico es un desarrollo funcional que sin duda contribuye a mejorar la competitividad de las empresas permitiéndoles evaluarse, conocer sus áreas de oportunidad y generar estrategias con líneas de acción claras, esto a través de un servicio de consultoría (idealmente) o bien a través del mismo empresario.

Las mejores estrategias en el mundo de los negocios van acompañadas de las mejores decisiones y es en ese sentido donde la micro y pequeña empresa se verá potencializada con el uso de esta herramienta de diagnóstico, que sin duda además de representar una aplicación útil para los empresarios también conlleva beneficios implícitos para las firmas consultoras.

Esto sin duda, será de gran impacto para este nicho de mercado que hoy en día comienza a incluir de manera permanente el uso de las tecnologías de la información sin las cuales esto no fuera posible.

Desde esa perspectiva, cualquier esfuerzo en conjunto que se realice y que incluya el máximo aprovechamiento de las tecnologías de la información y los sistemas de información gerencial, será en pro de generar valor a las empresas de hoy en día que tienen la necesidad real de desarrollar productos o servicios que satisfagan las necesidades de sus clientes y que a la vez superen las expectativas.

Agregar valor a un producto o servicio a través de la planeación y toma de decisiones, hoy es más fácil gracias a las herramientas de análisis y diagnóstico.

REFERENCIAS.

Centro Regional de Competitividad Empresarial S.C. (2012). Crece Consultoría Experta. Recuperado el 1 de Julio de 2012, de http://www.crecenegocios.com.mx/

Consultoría Empresarial PyME-JICA. (2012). Recuperado el 12 de Junio de 2012, de http://www.consultoriapymejica.org.mx/

Instituto Nacional de Estadistica y Geografia. (1 de 01 de 2011). Instituto Nacional de Estadistica y Geografia (INEGI). Recuperado el 27 de 03 de 2012, de INEGI: www.inegi.org.mx

Mexico Emprende. (1 de Enero de 2009). ¿Qué es una Microempresa? Recuperado el 19 de Marzo de 2012, de Sitio México Emprende: http://www.mexicoemprende.org.mx/index.php?option=com_content&task=view&id=49&Itemid=74

Real Academia Española. (1 de 1 de 2001). Diccionario de la lengua española, vigesima segunda edición. Recuperado el 20 de 3 de 2012, de Diccionario de la lengua española, vigesima segunda edición: http://buscon.rae.es/drael/SrvltConsulta?TIPO_BUS=3&LEMA=empresa

Secretaría de Economía. (2012). Mexico emprende. Recuperado el 12 de Julio de 2012, de http://www.economia.gob.mx/mexico-emprende

Secretaría de Economía. (12 de Julio de 2012). Microempresas. Recuperado el 12 de Julio de 2012, de Secretaría de Economía: http://www.economia.gob.mx/mexico-emprende/empresas/microempresario

Sistema de Información Empresarial Mexicano. (19 de Marzo de 2012). Sistema de Información Empresarial Mexicano SIEM. Recuperado el 19 de Marzo de 2012, de Sistema de Información Empresarial Mexicano SIEM: http://www.siem.gob.mx/siem2008/estadisticas/estadotamanoPublico.asp?tam=1&p=1

Capítulo No.1.-

La Administración en empresas PyMes en el sur de Tamaulipas

La situación económica que prevalece a nivel mundial, obliga a que los países busquen continuamente soluciones a la misma, ofreciendo apoyos a inversionistas para mejorar el empleo y las finanzas; en México el sector de las MyPEs es considerado estratégico por su contribución a la economía. Sin embargo, por su naturaleza estas empresas son frágiles, especialmente en su administración que incide directamente en los resultados de las mismas. Una estrategia es que inviertan en sistemas de calidad, como ISO9001:2008 pero son muy costosos, por lo que utilizar herramientas tan simples como el modelo de las 5S's o determinados controles les puede ser de gran utilidad. Esta investigación analiza un grupo de empresas de este sector del sur de Tamaulipas, para identificar que herramientas usan y en qué grado lo hacen, y de esta forma identificar áreas de oportunidad que a través de Coparmex Tampico puedan ser subsanadas y volverse más competitivas.

1.1. INTRODUCCION.

Hoy en día se habla de factores de suma importancia para la sociedad, elementos que no pasan desapercibidos para las organizaciones que buscan superioridad y excelencia, además de un posicionamiento preferencial en el mercado.

La calidad de los productos y el servicio al cliente se consideran como los elementos más importantes en el mundo empresarial, hace 40 años hacer un buen producto era suficiente, hoy los clientes y sus necesidades han cambiado, ahora se consideran importantes tanto los clientes internos como externos y el servicio se ha colocado como una ventaja competitiva al igual que la calidad del producto (Muller. 1999). Además de haberse convertido en una de las estrategias más importantes para toda empresa, a fin de seguir siendo competitiva en el mercado, con un único objetivo, cumplir con los requerimientos del cliente y cerciorarse que todos los procesos de la organización se encaminen a lo mismo.

Para ser competitivos en el mundo empresarial, es necesario ofrecer bienes y servicios de alta calidad, el consumidor exige rapidez, confiabilidad, eficiencia, garantía, etc., entre muchas otras cosas al decidirse por un producto en cierta empresa.

Por lo anterior es importante conocer la situación que prevalece en las empresas MyPes del sur de Tamaulipas afiliadas a la Confederación Patronal de la República Mexicana (COPARMEX), en cuanto al ofrecimientos de productos y servicios acorde a las necesidades de su mercado, así como también qué herramientas de calidad, (las que son fáciles de emplear, utilizan para lograrlo y de esta forma ofrecerles una propuesta que les permita volverse más competitivas, de ahí entonces que esta investigación se centre en el grado de uso de herramientas de calidad en este tipo de empresas.

1.2 PLANTEAMIENTO DEL PROBLEMA.

Dada la importancia que representan las MyPes del sur de Tamaulipas, tanto en su economía como en su desarrollo en general, se considera oportuno generar un espacio de estudio y análisis, con la finalidad de determinar su situación competitiva actual, sus necesidades y potencialidades. (Lerma.2004)

Por lo anterior hacemos el siguiente planteamiento del problema:

> *¿Cuál es uso de herramientas de calidad de las empresas MyPes afiliadas a la Coparmex Tampico, que permitan establecer una estrategia basada en la utilización de estas herramientas de calidad que les permita su permanencia y crecimiento en el mercado?*

1.3 OBJETIVO GENERAL.-

Identificar las herramientas de Calidad que actualmente utilizan y que grado de uso se hace de las mismas en las empresas MyPEs afiliadas a la Coparmex Tampico y que han de considerarse para proponer una estrategia basada en la utilización de estas herramientas de calidad, que les permita ser más competitivas.

Objetivos específicos

a).- Definir la situación que guardan las MyPEs del sur de Tamaulipas afiliadas a Coparmex Tampico en relación al uso de herramientas de calidad.

b).- Diseñar una propuesta para las MyPEs del sur de Tamaulipas basada en los resultados de las encuestas.

1.4.- JUSTIFICACION.-

Un pilar muy importante para una nación, lo constituyen los empresarios y sus empresas, contribuyendo al desarrollo económico, social, educativo y cultural de la región en que se instalan. El realizar un análisis y diagnóstico de este segmento de MyPEs, permitirá poder ofrecer propuestas que incrementen su competitividad y de esta manera mejorar la economía de las empresas y de la región. Al fortalecer este segmento de empresas se impacta directamente en una variable muy importante para el país, la generación de empleos, con efecto directo en la sociedad al mejorar su poder adquisitivo y que permite una mayor estabilidad económica y social, sobre todo en los tiempos actuales donde el desempleo y la inseguridad predominan.

1.5.- ALCANCES Y DELIMITACIONES.-

El estudio se realizará en empresas MyPEs del sur de Tamaulipas afiliadas a Coparmex Tampico, el tamaño de muestra se determinará de acuerdo a la fórmula estadística correspondiente, pero al ser una investigación dentro de las empresas, es necesario que tanto la Coparmex como los propietarios de las mismas autoricen el acceso a sus instalaciones. Esta investigación se llevará a cabo a partir del mes de mayo y hasta el mes de Agosto de 2011 y se analizará únicamente el uso que hacen este tipo de empresas de las herramientas de calidad más sencillas que no impliquen un mayor grado de conocimiento de los empleados de las mismas, los resultados se harán llegar a los responsables de las empresas a través de la Coparmex.

1.6.- HERRAMIENTAS DE CALIDAD.-

En la actualidad y ante la competencia que se ha desatado en todos los giros del sector productivo, las empresas tienen dos opciones: Evolucionar de acuerdo a las nuevas condiciones de los mercados y utilizar todas las herramientas de Administración disponibles para ser atractivos al mercado que están dirigidas o dejar pasar todas las oportunidades, no evolucionar de acuerdo a los nuevos tiempos y simplemente esperar el momento de cerrar la empresa.

Esquer y Velázquez (1990) en su investigación mencionan los factores que pueden afectar la productividad de las operaciones: factores externos, tipo de producto, proceso productivo, capacidad de producción, inventario y lo relacionado con el recurso humano.

Render y Heizer (2004) consideran que los incrementos en la productividad dependen de tres variables de productividad:

1. **Mano de obra.-** La mejora en la contribución de la mano de obra a la productividad es resultado de una fuerza de trabajo más saludable, mejor educada y más motivada.

2. **Capital.-** La inversión de capital proporciona herramientas para el trabajo, cuando ocurre un descenso en esta variable, podemos esperar una caída de la productividad.

3. **Administración.-** Es un factor de la producción y un recurso económico, responsable de asegurar que la mano de obra y el capital se usen de manera efectiva y eficiente.

En el caso del sector de empresas a investigar, no es la excepción, sino por el contrario tienen todavía una mayor relevancia, ya que en estas tres variables normalmente están sumamente restringidos, por sus características propias. Además Bojórquez y Pérez (2011) indican que para que éste tipo de empresas eleven su competitividad deben:

a).- Identificar qué áreas son fundamentales para el negocio y cuáles no.

b).- Determinar que procesos se pueden optimizar mediante la terciarización.

c).- Poner las herramientas o aplicaciones adecuadas para llegar a los objetivos planteados.

d).- En el caso de terciarización, contratar a los proveedores más capacitados comparándolos.

El sector de las MyPes en México son empresas altamente vulnerables, susceptibles en alto grado a la quiebra y la desaparición. Estadísticamente del gran número de Mypes mexicanas que se abren por año, el 60% de ellas se cierran por año (Moreno y Sanjinés, 2002), con los consiguientes efectos desfavorable y en la zona sur de Tamaulipas no es la excepción, normalmente se caracterizan por buscar cómo sobrevivir antes de cómo ser competitivas y crecer. Creen que la capacitación y la implementación de ciertas acciones, bastante sencillas no les traerán beneficio alguno y confían más en su instinto, esto se ha podido apreciar en las entrevistas realizadas a los responsable o dueños de las mismas.

Sin embargo existen ciertas acciones que muchos de ellos llevan a cabo, les han dado buenos resultados, son muy obvias, pero no están conscientes de que las están aplicando; como es el simple hecho de llevar un control de almacén, hacer un check list, etc.

Las herramientas de calidad no necesariamente tiene que ser una certificación de calidad bajo la norma ISO 9000, que independientemente de llevar un largo proceso es muy costoso para este segmento de empresas, sin embargo, existen diversas herramientas que por su sencillez son fácilmente aplicables, y que con su aplicación puede incrementar la calidad de sus productos y presentar una ventaja competitiva basada en los siguientes puntos (Udaondo. 1992).

1.- Su objetivo es que la empresa sea competitiva y mejore continuamente.
2. Satisfacer las necesidades de sus clientes.
3. El recurso humano es su elemento más importante.
4. Es preciso el trabajo de equipo para lograr los objetivos.
5. La comunicación, la información y la participación de todos los niveles es imprescindible.
6. Se busca prevenir costos disminuyendo anomalías.
7. Fijar objetivos y dar seguimiento periódico a los resultados.

Para lograr lo anterior existen distintas herramientas que por su sencillez pueden ser utilizadas por este segmento de empresas, como el método de las 5s (Lefcovich. 2004) enfocado al orden y limpieza y que implica las siguientes acciones:

Clasificar (SEIRI).- Eliminar del área de trabajo lo que no se necesita.

Ordenar (SEITON).- Un lugar para cada cosa y cada cosa en su lugar.

Limpiar (SEISO).- Limpiar el sitio de trabajo y los equipos, previniendo la suciedad y el desorden.

Estandarizar (SEIKETSU).- Nos permite mantener los logros alcanzados en los puntos anteriores.

Disciplina (SHITSUKE).- Convertir en hábitos el empleo y utilización de los métodos establecidos.

El *seiri* significa establecer diferencias entre los elementos necesarios de aquellos que no lo son, procediendo a descartar estos últimos. Ello implica una clasificación de los elementos existentes en el lugar de trabajo entre necesarios e innecesarios.

El *seiton* implica disponer en forma ordenada todos los elementos esenciales que quedan luego de practicado el seiri, de manera que se tenga fácil acceso a éstos. Significa también suministrar un lugar conveniente, seguro y ordenado a cada cosa y mantener cada cosa allí.

El *Seiso* significa limpiar el entorno de trabajo, incluidas máquinas y herramientas, lo mismo que pisos, paredes y otras áreas del lugar de trabajo. También se la considera como una actividad fundamental a los efectos de verificar. Un operador que limpia una máquina puede descubrir muchos defectos de funcionamiento y proceder a corregirlos ahorrando tiempo y costos.

Las dos últimas *Seiketsu y Shitsuke* se utilizan para reforzar y dar continuidad a las tres primeras, modelo bastante simple que incluso puede estarse usando sin tener conocimiento de ello y que a pesar de su sencillez aporta un gran beneficio a las organizaciones.

Por otro lado el 95% de los problemas de una empresa se pueden resolver con las 7 herramientas estadísticas de calidad (Ishikawa. 1986).

Para Ishikawa (1986), existen herramientas estadísticas que permiten a las empresas ser más eficientes y productivas y son las llamadas 7 herramientas estadísticas de calidad:

A).- Diagramas de Causa – Efecto (Ishikawa)
B).- Check List.
C).- Gráficas de Control
D).- Diagramas de Flujo.
E).- Histogramas.
F).- Diagramas de Pareto (80 / 20).
G).- Estratificación.

El uso de las 7 herramientas estadísticas de calidad, implica una preparación y conocimiento de mayor por parte de los empleados, por lo que como se indicó al inicio, sólo se evaluará el uso de las más sencillas: Check list y gráficas de control.

Por años, las técnicas estadísticas y su metodología han sido más ampliamente usadas y aceptadas por toda la industria. Con equipos avanzados de procesamiento de datos, su aplicación práctica continúa creciendo y profundizándose. La estadística juega un papel importante en la actualidad (Feigenbaum. 2005).

Finalmente acciones de administración tan obvias como:

1).- Seleccionar adecuadamente al personal de acuerdo a un perfil de puesto.

2).- Proporcionar cursos de Inducción para el nuevo personal.

3).- Cumplir con un programa de Capacitación (que las autoridades laborales exigen cada año)

En el caso del primer grupo de herramientas son bastante sencillas (Modelo de las 5 S's) y las empresas que las aplican tienen varios beneficios, entre los que se tienen:

✓ Producen con menos defectos.
✓ Mejoran sensiblemente los tiempos de entrega.
✓ Se vuelven más seguras las empresas, se reducen accidentes.
✓ Incrementan su productividad.
✓ Los trabajadores están mayormente motivados.
✓ La empresa aumenta sus niveles de crecimiento.

En cuanto al segundo grupo de herramientas, son un poco mas complicadas, sin embargo de ese grupo se pueden aprovechar por su sencillez, los Check List y las gráficas de control, que proporcionan una gran ayuda, como:

✓ Verificar que los departamentos cuenten con lo necesario para trabajar.
✓ Mejoran la seguridad en la operación al validar que todo el personal tenga completo el equipo de seguridad.
✓ Al establecer niveles máximos y mínimos en un almacén permite no sobre inventariarse, ni por el contrario, quedarse sin productos.

El último grupo lo conforman más bien acciones, que por su naturaleza deberían llevarse a cabo sin ningún problema, pero que muchas veces no se hace por considerar que están implícitas, entre los beneficios que se tienen, están:

✓ El rendimiento del personal es mucho mayor.
✓ El personal está a gusto con el trabajo que desempeña.
✓ La empresa al capacitar su personal, va formando nuevos cuadros de empleados, que sienten un compromiso con la misma.

1.7.- METODOLOGÍA.-

Como ya se indicó, la presente investigación se realizará en empresas MyPEs afiliadas a la Coparmex Tampico, lo que garantiza que están legalmente establecidas y por consecuencia una mayor confiabilidad en los resultados, la muestra consta de 24 empresas de todos los giros, de acuerdo al padrón proporcionado por Coparmex Tampico a las cuales se aplicará una encuesta previamente validada y con la autorización del gerente y/o propietario de la empresa, por lo que será un muestreo por conveniencia, ya que como se mencionó, se requiere autorización.

La entrevista se llevará a cabo preferentemente con el responsable o dueño de la empresa y previamente se hará una cita por teléfono, poco tiempo después de haberles hecho llegar una carta de Coparmex Tampico, en la que el presidente local de esta cámara presenta a los investigadores y respalda el trabajo que se realizará para guardar la confiabilidad de la información proporcionada.

El instrumento de recolección de datos (encuesta) se basará en el grado de uso por parte de la administración de una serie de herramientas de calidad (las más sencillas) tomadas de los grupos descritos anteriormente. El instrumento se muestra en el anexo No. 1.

La aplicación de la encuesta se realizará como ya se indicó anteriormente a conveniencia, tanto para decidir la empresa (previa autorización), como para elegir al personal que se le aplicará, los resultados serán organizados y analizados para posteriormente emitir los resultados finales y la propuesta derivada de éstos. (en total se aplicaron 74 encuestas en 20 empresas)

Para evaluar el grado de uso del método de las 5 S´s, se utilizarán las preguntas 8 y 11, para evaluar el uso de herramientas estadísticas (Check list y gráficas de control) se utilizarán las preguntas 4, 5, 6, 7 y 10. Y el uso de acciones administrativas se evaluará con las preguntas: 1, 2, 3, 9 y 12. Los cuestionarios se desarrollaron utilizando el software estadístico "DYANE" (Santesmases, 2001)

RESULTADOS.-

A continuación se muestran los resultados obtenidos de la aplicación de las encuestas:

1.- Cuando ingresó a esta empresa, recibió algún curso de inducción para conocer la empresa y departamento al que se incorporaba?

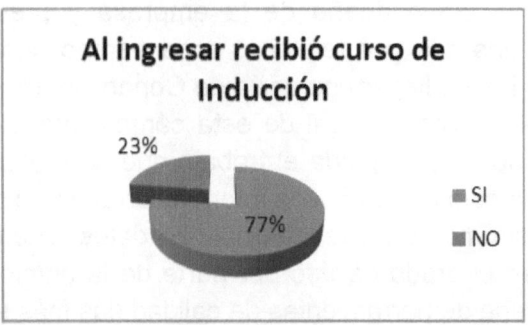

Gráfica No.1.- Curso de Inducción a trabajadores. Fuente: Elaboración propia.

En los resultados de esta primer pregunta se observa que el 77% si recibió un curso de inducción, sin embargo, el 23% no lo recibió; lo que identifica un área de oportunidad de una acción tan simple como es decirle al personal a que se dedica la empresa, donde está ubicada, cuál es su competencia, etc. Y de esta forma concientizar a los empleados de la misma. Si elempleado conoce el terreno que pisa, puede dar mejores resultados.

2.- En el último año de trabajo en esta organización, cuantos cursos de capacitación ha recibido?

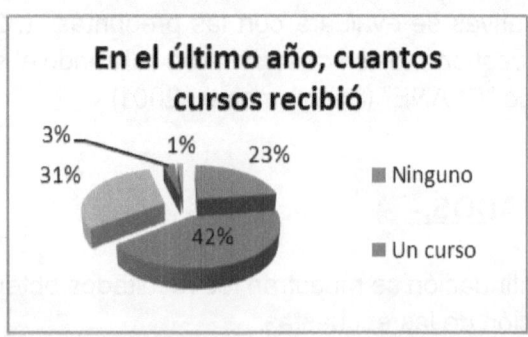

Gráfica No. 2.- Cursos Recibidos en el último año. Fuente: Elaboración propia.

Podemos apreciar que en todos las empresas encuestadas se dan cursos de capacitación, los cuales permiten un mejor desempeño del personal en su trabajo, sin embargo existe un 23% de los encuestados que dijeron no haber recibido capacitación en el último año, lo que pone a esas empresas en riesgo ante la competencia, al no estar actualizando a su personal.

3.- De acuerdo al tiempo laborado en esta organización, como considera la comunicación con sus jefes y compañeros?

Gráfica No. 3.- Como es la comunicación. Fuente: Elaboración propia.

En un 38 % de las respuestas se indica que la comunicación es de mala a regular, lo que significa que dificilmente se alcanzarán los resultados esperados en estas empresas y un 36 % opina que es muy buena a excelente. De todos es sabido que la comunicación es vital para una empresa y así todos sepan hacia donde ir.

4.- Con que frecuencia su jefe evalúa su desempeño laboral al año?

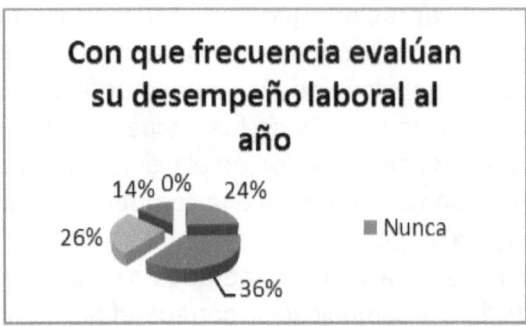

Gráfica No. 4.- Evaluación del desempeño laboral. Fuente: Elaboración propia.

En la actualidad una empresa que quiera ser competitiva tiene que establecer metas a su personal y además evaluar el logro de las mismas periódicamente. En esta gráfica se aprecia que al 24% de los encuestados, nunca los han evaluado, lo que identifica áreas de oportunidad, al 36% los han evaluado por lo menos una vez al año.

5.- Cuando evalúan su desempeño laboral, le proporcionan resultados de la misma?

Gráfica No. 5.- Retroalimentación de la evaluación. Fuente: Elaboración propia.

Las normas de calidad como ISO 9000, indican que además de evaluar el desempeño del personal en el logro de metas, es muy importante retroalimentarlo, es decir, indicarle como salió en su evaluación y ofrecerle solución a lo negativo, de lo contrario de nada sirve. Aquí podemos apreciar que un 39% nunca recibe una retroalimentación, por lo que dificilmente mejorará su desempeño.

6.- Lleva usted un control sobre sus actividades laborales?

Gráfica No.6.- Lleva control de sus actividades. Fuente: Elaboración propia.

Con esta pregunta evaluaremos el grado de organización de los empleados, acción sencilla que optimiza recursos a la organización. Se identifica un 24 % de encuestados que indican no llevar control alguno de sus actividades, un porcentaje amplio que puede generar retrabajo y pérdidas a las empresas, situación que mas o menos coincide con los resultados de la capacitación.

7.- Cuando inicia sus actividades diarias, verifica que tenga a la mano todo lo necesario?

Gráfica No. 7.- Verifica que todo esté en orden. Fuente: Elaboración propia.

Existe una herramienta estadística muy sencilla "Checklist", que se utiliza para checar que todo lo necesario se tenga y no tener que detenerse por la falta de un accesorio, papelría, herramienta, etc., que repercute directamente en el recurso tiempo y en la competitividad de la empresa. Se aprecia que un 22% no hace esta verificación y que un 38% a veces lo hace, con los contratiempos que ocasiona.

8.- Con qué frecuencia dan mantenimiento (limpieza, lubricación, etc) a los equipos de trabajo?

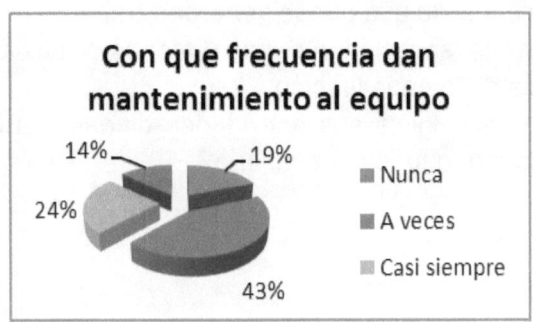

Gráfica No.8.- Realizan Mantenimiento preventivo. Fuente: Elaboración propia.

El mantenimiento preventivo alarga la vida de los equipos y evita fallen cuando mas se necesitan, ocasionando mal servicio y costos a la organización. De acuerdo a los encuestados el 19% indica que nunca dan mantenimiento y el 43 % que a veces lo hacen, lo que muestra un área de oportunidad de mejora para las empresas de este giro. Parte del modelo de las 5 S's.

9.- Su jefe inmediato le indica las actividades a realizar dentro de la organización?

Su jefe le indica que espera de su trabajo

15% — 32% ■ Nunca

22% ■ A veces

  ■ Casi siempre

31% ■ Siempre

Gráfica No. 9.- Recibe Instrucciones de su jefe inmediato. Fuente: Elaboración propia.

La mejora manera de alcanzar resultados en una organización es que cada jefe le diga a sus subordinados que deben de hacer para lograr que la empresa obtenga mejores resultados, mucho que ver con comunicación. En esta pregunta el 32 % de los encuestados mencionó, nunca recibir indicaciones de sus jefes, mientras el 15% dijo que siempre las reciben.

10.- Le otorgan reconocimientos por su desempeño laboral?

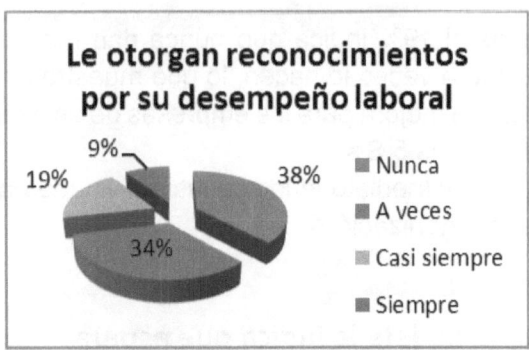

Gráfica No. 10.- Reconocen su trabajo. Fuente: Elaboración propia.

Motivar al personal es una acción que crea en el mismo un compromiso para seguirse superando y defender la empresa para la que labora, no hacerlo cuando se lo merece, provoca lo contrario. En este caso tenemos que un 38% de los encuestados nunca han recibido reconocimiento alguno y que si lo sumamos al 34% que dice que a veces, se identifica un área de oportunidad bastante sencilla de implementar y que puede tener altos beneficios.

11.- Cuando necesita un documento o herramienta de su departamento, lo encuentra rápidamente?

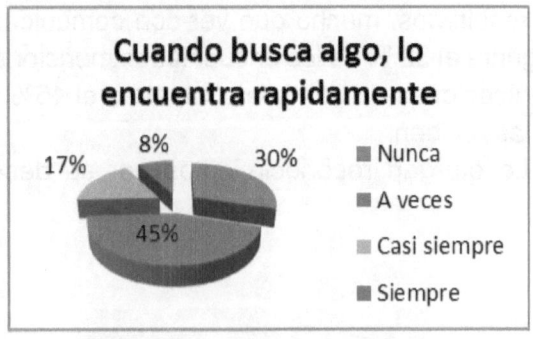

Gráfica No. 11.- Cuando necesita algo lo encuentra?. Fuente: Elaboración propia.

Una herramienta muy sencilla del Modelo de las 5S's es el "Orden", cuando se tiene dentro de una empresa, ésta se distingue fácilmente de las otras y en el desarrollo de su trabajo, los empleados están más a gusto y son más eficientes. Las respuestas a esta pregunta, nos indican que un 30% nunca encuentra las cosas cuando las necesita y 45% menciona que a veces. Esto repercute en pérdida de tiempo y dinero.

12.- En general, como considera usted el servicio que se brinda a los clientes de esta empresa?

Gráfica No.12.- Como considera la atención a los clientes de su empresa. Fuente: Elaboración propia.

Una parte muy importante en la actualidad es la atención o servicio al cliente, es interesante la respuesta que dan los encuestados sobre la percepción desde adentro de la empresa en esta aspecto. Los números son evidentes, todavía hay mucho que hacer en este aspecto, ya que el 45% opina que va de regular a malo. Situación que amerita tomar acciones, dado que el consumidor exige cada vez mejor atención en todos los aspectos.

CONCLUSIONES Y RECOMENDACIONES.-

Una vez que analizados los resultados de cada una de los preguntas que conforman la encuesta, y que tiene por finalidad identificar que tantas herramientas de Administración calidad usan y en qué grado las utilizan, sobre todo como ya se explicó al inicio, áquellas que son bastante sencillas y que impactan en la productividad y eficiencia de este tipo de empresas (MyPEs), llegamos a las siguientes conclusiones:

1ª.- Se puede apreciar que las empresas MyPEs afiliadas a Coparmex Tampico, cuentan con una administración un poco más formal en su mayoría, de ahí que en algunas de ellas se realizan actividades que ayudan a que la empresa peranezca, además del apoyo que en capacitación reciben de Coparmex, pero que lamentablemente no todas las empresas aprovechan.

2ª.- Todas las empresas analizadas utilizan de manera consciente o inconsciente (un poco mas de esta forma) alguna herramienta de calidad para el desarrollo de la sus actividades, ya sea que indican metas a sus trabajadores y se las evalúan, o bien a la hora de contratar personal le proporcionan un curso de inducción; sin embargo el grado de uso de las mismas está muy lejos todavía de ser el ideal y no se utilizan en todas las empresas encuestadas.

3ª.- Al mismo tiempo que se aplicaron las encuestas se pudo apreciar que en la gran mayoría a excepción de tres empresas, dos en proceso de certificación y una certificada por la norma ISO 9001:2008, no están conscientes de las herramientas de calidad que están utilizando pero si perciben el beneficio de las mismas, ya sea reflejado en sus ventas, en la imagen de la misma o en la información que reciben de sus subordinados.

4ª.- Un punto muy importante es el servicio que proporcionan a sus clientes y aunque no se pregunto directamente a los consumidores, los empleados perciben en su mayoría, que no se les está brindando una atención adecuada a los clientes de sus empresas y de todos es sabido que si no cuidamos a nuestros clientes, tarde o temprano estos se irán con la competencia.

Este segmento de empresas debe tomar en cuenta que la competencia no dudará en "robarse" a sus clientes, mismos que no dudarán un segundo en cambiar el producto o servicio que se les ofrecía si éste deja de satisfacerlos, se deja de innovar o si la calidad dejó de ser una prioridad (Bojorquez y Pérez. 2011)

Finalmente y tomando como base los resultados de esta investigación para este segmento de empresas, se **recomienda** lo siguiente:

a).- Formar un grupo de capacitadores extraídos de los propios empleados de las MyPEs y que sean formados por Coparmex Tampico, como instructores en el conocimiento, manejo y aplicación de las más esenciales herramientas de calidad (como las mencionadas al inicio) y que este grupo a través de Coparmex sea el encargado de llevar a cabo la implementación de esas herramientas de calidad, resaltando siempre el beneficio que se obtiene de las mismas.

b).- Que se establezca un convenio de vinculación con alguna institución de educación superior y que a través de ésta se lleve a cabo la formación de una persona por empresa y que esa persona con la asesoría de la institución educativa, lleve a cabo la implementación de la herramientas de calidad que sean "adhoc" al tipo de empresa que se trate.

Finalmente, es muy importante que los administradores de este segmento de empresas, cada vez que realicen alguna acción en beneficio de su organización la formalicen, es decir, la documenten, establezcan fechas fatales para realizarlarla, tengan bien en claro que esperan de esa acción, pero sobre todo, que la comuniquen al resto de los empleados con el fin de que todos ayuden a llevarla a buen termino y finalmente que evalúen los resultados de ésta, ya sean positivos o negativos con el fin de retroalimentarse y mejorar.

ANEXO No. 1.-

Encuesta para conocer las herramientas de calidad que utilizan las empresas MyPEs afiliadas a Coparmex Tampico.

A continuación se enumeran una serie de preguntas que forman parte de la investigación, marque la respuesta que considere correcta, esta información es de carácter confidencial y solo se utilizará para los fines de la investigación, los resultados de la misma se les harán llegar a través de Coparmex Tampico.

1.- Cuando ingresó a esta empresa, recibió algún curso de inducción para conocer la empresa y departamento al que se incorporaba?
( ) SI   ( ) NO

2.- ¿En el último año de trabajo en esta Organización, cuantos cursos de capacitación ha recibido?
( ) Ninguno   ( ) Un curso   ( ) Dos cursos   ( ) Tres cursos   ( ) Más de 3

3.- De acuerdo al tiempo laborado en esta organización, ¿Cómo considera usted la comunicación con sus compañeros y superiores?
( ) Mala   ( ) Regular   ( ) Buena   ( ) Muy buena   ( ) Excelente

4.- ¿Con qué frecuencia su jefe evalúa su desempeño laboral al año?
( ) Nunca   ( )Una vez   ( ) 2 veces   ( ) 3 veces   ( ) más de 3 veces

5.- ¿Cuándo lo evalúan le proporcionan los resultados de la misma?
( ) Nunca   ( ) A veces   ( ) Casi siempre   ( ) Siempre

6.- ¿Lleva usted un control sobre sus actividades laborales?
( ) Nunca   ( ) A veces   ( ) Casi siempre   ( ) Siempre

7. ¿Cuándo inicia sus actividades diarias verifica que tenga a la mano todo lo necesario?
( ) Nunca   ( ) A veces   ( ) Casi siempre   ( ) Siempre

8.- ¿Con que frecuencia dan mantenimiento (limpieza, lubricación, ajuste, etc) a los equipos de trabajo?
( ) Nunca   ( ) A veces   ( ) Casi siempre   ( ) Siempre

9.- ¿Con que frecuencia su jefe inmediato le define las actividades a realizar dentro de la organización?
( ) Nunca   ( ) A veces   ( ) Casi siempre   ( ) Siempre

10.- ¿Con que frecuencia le otorgan reconocimientos por su desempeño laboral?
( ) Nunca   ( ) A veces   ( ) Casi siempre   ( ) Siempre

11.- ¿Cuándo necesita un documento o una herramienta de su departamento para realizar su trabajo, lo encuentra rápidamente?
( ) Nunca   ( ) A veces   ( ) Casi siempre   ( ) Siempre

12.- ¿En general, como considera usted el servicio que se brinda a los clientes de esta empresa?
( ) Mala   ( ) Regular   ( ) Buena   ( ) Muy buena   ( ) Excelente

REFERENCIAS.

Müller de la Lama, Enrique. (1999). *Cultura de calidad de servicio.* México: Trillas. Primera edición

Lerma, Alejandro. (2000). *Comercio Internacional. Metodología para la Formulación de Estudios de Competitividad Empresarial.* México. ECAFSA.

Esquer, C. y Velázquez L.E. (1990). *Medición de la productividad en las empresas manufactureras de Hermosillo.* Disertación para obtener el grado de Ingeniero Industrial y Administración. Universidad de Sonora. Hermosillo, Sonora.

Render, B. y Heizer, J. (2004). *Principios de Administración de Operaciones.* Quinta Edicion. México. Editorial Pearson-Prentice Hall.

Bojórquez, Martha; Pérez, Antonio (2011). *Diseñe una empresa de alto rendimiento, Pyme administrate hoy.* No. 209, páginas (64 – 69)

Moreno, Gloria; Sanjinés, Esther. (2002). *Actitudes y Valores de 2 pequeños empresarios en Celaya y su relación con el éxito de sus empresas.* (Ponencia). Instituto Tecnológico de Celaya. Celaya, Guanajuato.

Udaondo Durán, Miguel. (1992). *Gestión de la calidad.* España: Díaz de Santos editores. Primera edición.

Lefcovich, Mauricio (2004). *Ahorro de espacio mediante el Kaizen.* Consultado el 29 de septiembre de 2011en http://portalcalidad.com

Ishikawa, Kaoru. (1986). *¿Qué es el Control total de Calidad?.*Colombia. Editorial Norma

Feigenbaum, Armand. (2005). *Control total de la calidad.* México. Editorial CECSA. Tercera edición.

Santesmases, Miguel. (2001). *Dyane, Versión 2. Diseño y análisis de encuestas en investigación social y de mercados.* Pirámide: Madrid.

Capítulo No. 2.-

Innovación y Competitividad en las PyMes

Promover la innovación en las Mypes resulta una tarea difícil, por las limitaciones económicas, de capacitación y asesoría del personal. Con base en lo anterior, se buscó estudiar la forma en que se fomenta la innovación en estas empresas.

Este apartado se fundamenta teóricamente en trabajos e investigaciones desarrollados por la Dra. Teresa Amabile de la Harvard Bussiness School, en trabajos sobre el ambiente creativo desarrollados por investigadores de la Universidad de Colombia - Manizales, así como en los resultados de los experimentos del Dr. Edward Deci de la Universidad de Rochester en Nueva York, EUA.

Se desarrolló una investigación descriptiva, con enfoque cuantitativo y no experimental en empresas afiliadas a la CANACO Tampico, buscando determinar el nivel de impulso a la innovación. Se utilizaron métodos basados en preguntas y observación para acopio de información.

Los resultados obtenidos permiten la creación de un constructo propio denominado "perfil de innovación empresarial".

Introducción.

La competitividad, productividad y eficiencia empresarial en la actualidad no son suficientes, se requiere del apoyo lateral de estrategias y técnicas que fortalezcan a la organización. Una de estas estrategias es la innovación empresarial, la cual es definida por algunos autores como el uso del conocimiento para ofrecer un nuevo producto/servicio solicitado por los clientes (Albers y Brewer, 2003). De acuerdo con Sala, et al (2012) el proceso de innovación está ligado a la búsqueda, experimentación, desarrollo e implementación de nuevos productos, servicios, procesos, ideas y nuevas formas organizacionales.

En nuestro país y en toda Latinoamérica los datos en relación a la innovación en las Mypes (micro y pequeñas empresas) no están muy bien definidos, Zevallos(2003), no se conocen indicadores certeros de la forma en que se promueve o fomenta la innovación, adicionalmente los tiempos de negocio actuales son muy complejos, debido a la tendencia al cierre de las Mypes en nuestro país, la cual se comporta de acuerdo con la relación 10 a 6, por cada 10 empresas que abren 6 se cierran, muchas empresas abren, pero también un gran número de ellas no pasa de 5 años de vida (Moreno, Sanjinés, 2002).

Crear espacios idóneos para la innovación es algo difícil de encontrar en las empresas pequeñas, no obstante que estas representan un porcentaje elevado del espectro empresarial en México.

Por consiguiente, resulta de interés buscar formas de enfrentar esta problemática, una de tantas alternativas para el desarrollo de las ventajas competitivas (Porter, 2005) en este grupo de empresas, puede ser crear las condiciones en las organizaciones que permitan fomentar la participación creativa e innovación de los empleados y adicionalmente fortalecer la creación de ambientes creativos como elementos de respuesta, según González y Vargas del Río (2004). La innovación está relacionada con la inteligencia competitiva tal como señalan López, et al (s.f.)

Objetivos Generales.

Definir el perfil de impulso a la innovación de micros y pequeñas empresas afiliadas a la CANACO (Cámara

Nacional de Comercio) en Tampico, lo anterior en base a un constructo propio.

Objetivos Específicos.

a) Desarrollar un constructo propio para medir el impulso a la innovación.
b) Evaluar el impulso a la innovación en empresas Mypes afiliadas a la CANACO Tampico.
c) Revisar las relaciones que puedan existir entre el impulso a la innovación y la competitividad, de acuerdo con la lógica de estudio propuesta.

Objeto de estudio.

El objeto de la investigación lo constituye el "impulso a la innovación de los empleados" en empresas Mypes afiliadas a la CANACO Tampico.

Los sujetos de estudio son:

a) Los gerentes o administradores de la muestra de empresas medianas y pequeñas que se estudiarán.
b) Los empleados de esas empresas micros y pequeñas de Mypes afiliadas a la CANACO de Tampico con al menos 2 años de antigüedad (cierto conocimiento y arraigo en la empresa).

Unidades de análisis.

La unidad de análisis será por empresa, las cuales se obtendrán de una muestra de MYPES de la zona conurbada de Tampico, pertenecientes a la CANACO Tampico.

La unidad de registro será por persona, es decir cada gerente o empleado de nivel medio encuestado o entrevistado.

Delimitación de la Investigación.

o   El proyecto se circunscribió a estudiar en una muestra de empresas MYPES afiiadas a la CANACO Tampico, las dimensiones de un constructo propio denominado "el impulso a la innovación de los empleados", dichas dimensiones e indicadores se definen en el punto no. 8 de este proyecto.

o   Sólo se buscará encontrar la relación entre las variables: impulso a la innovación y la competitividad, en consideración a los casos de estudio propuestos.

o   Solo se consideraron empresas micros y pequeñas (MYPES) afiliadas a CANACO Tampico con al menos 5 años de antigüedad.

o   El levantamiento de datos sólo se realizó durante 100 días.

o   Sólo se evaluaron 60 empresas.

Problema de Investigación.

¿Cómo se puede medir el nivel de impulso o apoyo a la innovación como estrategia de competitividad en las micro y pequeñas empresas afiliadas a la CANACO en Tampico con la finalidad de poder desarrollar propuestas de mejora para estos empresarios?

Variable 1: Impulso a la Innovación en los empleados, **Variable 2**: Competitividad

Definición Conceptual de Variable 1: Impulso a la Innovación en los empleados.

El impulso a la innovación en los empleados se define como el grado en el cual el gerente, administrador y sus mandos medios crean las condiciones propicias en la organización que fomentan la innovación de los empleados.

Definición Operacional de Variable 1: Impulso a la Innovación en los empleados

El impulso a la innovación en los empleados en las empresas en estudio se define como el valor obtenido al medir una serie de dimensiones de un constructo propio sobre el fomento a la innovación de los empleados.

Revisión de la literatura.

A. Variable de estudio: Competitividad.

Estudiar la competitividad por ser una variable con diversos enfoques conceptuales, con muchas aplicaciones y diferentes niveles de análisis, es toda una aventura; de esta forma es posible revisar que la competitividad tiene varios niveles de estudio, que son: la propia empresa, el sector, la región o el país. En este estudio se consideró solamente el nivel de análisis 1, que es el nivel de la empresa, de acuerdo con Abdel y Romo (2004), dejando a un lado los demás niveles.

B. Modelos Teóricos de competitividad empleados y sus Dimensiones.

A continuación se describen diez los modelos teóricos de competitividad empleados y sus dimensiones conceptuales incluidas, en las cuales se puede observar la participación de la innovación en todos estos modelos.

Tabla 1. Modelos conceptuales de competitividad.

No.	Nombre	Autor(es)	Año	Características
1	Modelo Nacional Para Mipymes Competitivas	Instituto Nacional para el Fomento de la Calidad, (2010)	2010	o Conocimiento del entorno o Alianzas o Relación con Clientes. o Recursos y Actividades clave o *Propuesta de Valor (Innovación)* o Estructura de Costos o Fuente de Ingresos
2	Modelo de la Competitividad Sistémica	Esser, Wolfgang, Dirk, Meyer_Stamer, (1996)	1996	o Capacidad de la Gestión o Estrategias Empresariales o *Gestión de la Innovación* o Mejores Prácticas Producción o Integración Redes Coop. Tecnológicas o Logística Empresarial o Interacción de Proveedores y Productores
3	Modelo de la Competitividad Integral	López, López y Pérez,(2004)	2004	o Papel del Gobierno. o *Acciones de la Empresa. (Innovación)*
4	Modelo del Análisis de la Competitividad	Ten Kate, citado por Garduño, Castro y Rojas(2006).	2006	o Factores que afectan los Costos, Precios, Rentabilidad, Permanencia y Penetración de Mercados. o Factores de Eficiencia de Uso de Insumos. o *Factores relacionados con Calidad y Diferenciación de Productos o Servicios. (Innovación)*
5	Modelo de Competitividad	Hamel y Prahalad, (1990).	1990	o Posición Relativa en el Mercado. o *Ventaja Competitiva Sostenible. (innovación)* o Competencias Centrales

6	Modelo de Competitividad en el Comercio Internacional	Lerma, (2000).	2000	o Producto vendible en el comercio exterior (Diseño, calidad, presentación, tecnología, envase, precio, etc.) o Comercialización (Promoción, venta, servicio, condiciones comerciales) o *Empresa (Organización, Capacidad Tecnológica, Productiva, y Económica, Actitud hacia la Internacionalización, ión)Innovación.*
7	Modelo de Desarrollo y Generación de Competitividad Internacional.	Batres y García, (2006).	2006	o Desarrollo de Cadenas Productivas o *Capital Humano, Capacitación y Desarrollo. (Innovación entre otros tópicos)*
8	Modelo de las Ventajas Competitivas	Porter, (2002)	2002	o Composición del Sector o Poder e influencia de cada Fuerza. o Posición Competitiva. o Cadenas de Valor o *Ventajas Competitivas. (Innovación)*
9	Modelo de Competitividad	Schuller y Lidbom, (2009).	2009	o Desempeño del Mercado o Alta eficiencia o *Factores de éxito clave. (Innovación)* o *Valor agregado. (Innovación)*
10	Modelo de Competitividad de una Compañía	Vilanova, Lozano y Arenas, (2009).	2009	o *Capacidad de Innovación* o Relaciones Internas y Externas. o Reputación o Recursos Estratégicos

Fuente: Elaboración propia.

Variable: Impulso a la Innovación. Crear un ambiente propicio en las empresas buscando el impulso de la innovación de los empleados es algo importante para el alcance de objetivos, tal como señala Teresa Amabile (2003), de la Harvard Business School después de una serie de investigaciones en empresas de los Estados Unidos, quien consideró como fundamental en la participación de los trabajadores con iniciativas creativas o innovadoras la siguiente dimensión: *Influencia del ambiente social,* que estableció como las condiciones que un gerente, administrador o superior genera o impulsa y que fortalecen la participación creativa e innovación de los empleados.

Edward Deci, Koestener& Ryan (1999) de la Universidad de Rochester en sus experimentos con estudiantes de esa misma institución, determinó la importancia de la motivación extrínseca para el logro, sobre todo en procesos de innovación, mejora o cambio. Por tal razón la motivación extrínseca juega un papel importante en la innovación.

a) Ofrecer motivación extrínseca informacional.

Esto significa proporcionar información acerca de cómo mejorar, de las áreas importantes del negocio, que conozca los objetivos, establecer reconocimientos de su aporte, etc.

Para establecer las dimensiones en este proyecto se utilizó la información de los trabajos realizados por Amabile, et al (2003) y otros investigadores en una investigación con 222 empleados de 7 compañías, en 3 industrias en los Estados Unidos de Norteamérica.

De lo antes descrito se proponen las siguientes dimensiones:

Dimensiones de la variable: Impulso a la innovación.

a) *Prácticas de Participación.* La participación del empleado en juntas de operación o algún otro tipo de eventos o reuniones para solucionar problemas.

b) *Relación tarea-persona.* La asignación de tareas en base al interés del empleado.

c) *Autonomía operacional,* el nivel en el cual un empleado puede hacer cambios y tomar decisiones referentes a su área de trabajo, así como la disposición de tiempo para que el empleado solucione los problemas en la empresa, por ende genere ideas.

d) *Estímulo a la generación de ideas.* La aplicación de técnicas o estrategias de cualquier tipo, en las cuales se invite al empleado a la participación en situaciones de mejora en la empresa, por medio de la generación de ideas.

e) *Análisis de Problemas Organizacionales.* La aplicación de técnicas, herramientas o prácticas en la organización o fuera de ella por parte de los gerentes o empleados medios, para que el empleado ayude a resolver problemas de la organización.

f) *Prácticas de Motivación Extrínseca.* La existencia de sistemas de estímulo o recompensa a la aportación de ideas e innovaciones en la empresa. Reconocimientos de cualquier índole verbales, escritos, públicos o privados, pequeños premios que se ofrezcan en efectivo o en especie a la aportación de ideas, así como promotores de la participación, tales como tableros, carteles, buzones de sugerencias, etc.

g) *Prácticas de difusión.* La difusión que se haga en la empresa por cualquier medio de comunicación de las aportaciones que hacen los empleados de la organización.

h) *Prácticas de comunicación.* La comunicación de las ventajas estratégicas del negocio o de acciones que den mayor conocimiento de la organización, sus productos, servicios, etc., la cual se transmite al empleado por parte del líder (gerente general o gerentes medios).

i) *Relación jefe-subordinado.* La apreciación de la relación jefe-subordinado percibida por el empleado.

Características del Estudio. Método.

El estudio se desarrolló siguiendo el Método Inductivo, fue un estudio descriptivo transversal, en la cual se hicieron mediciones en una sola ocasión en el tiempo.

Obtención de la Información.

a) **Población.-** La población en estudio la constituyen empresas micros y pequeñas de la zona conurbada de Tampico, pertenecientes a la CANACO Tampico.

b) **Diseño de la Muestra**.- La muestra que se utilizó fue **No representativa** de la población principalmente por limitaciones económicas y de facilidad de acceso a la empresa.

La selección de los elementos de la muestra se desarrolló siguiendo la técnica denominada muestreo a juicio o por conveniencia del investigador.

En este proyecto de acuerdo con otros estudios se pueden presentar las siguientes variables que pudieran explicar el fomento a la participación creativa, y son: a) *Edad del gerente o administrador, b) Nivel de Estudios del gerente o administrador y c) la creatividad innata* propiamente dicha de un individuo, independiente de que se le fomente o no se le fomente.

Edad del gerente o administrador. Un gerente o jefe relativamente joven, menor de 45 años, tiende a promover más la participación con ideas de los empleados, que un ejecutivo ya maduro.

Nivel de Estudios del Gerente o Superior. Un gerente o jefe con estudios de licenciatura o posgrado tiende a promover más la participación de los empleados que si no los tiene.

Por tal razón las combinaciones que se buscaron en la Muestra se describen en la tabla siguiente:

a) Combinación Edad del Gerente Nivel –Nivel de Estudios-No. De Casos

Combinación	Edad del Gerente	Nivel de Estudios	No. De Casos
I	Menor de 45 años	Con Estudios de Lic. o Posgrado	15
II	Menor de 45 años	Sin Estudios de Lic. o Posgrado	15
III	Mayor de 45 años.	Con Estudios de Lic. o Posgrado	15
IV	Mayor de 45 años.	Sin Estudios de Lic. o Posgrado	15

Fuente: Elaboración Propia.

Recolección de Datos.

a) Técnica. Diseño del Instrumento.

Se emplearon tres herramientas diferentes, los cuestionarios, la entrevista y la guía de observación.

a.1 Cuestionarios.

Se utilizaron dos cuestionarios, uno orientado a los gerentes o administradores, y un segundo orientado a los mandos medios.

a.2 Entrevista.

Se diseñó una entrevista estructurada para aplicar a los gerentes o administradores de las empresas en cuestión.

a.3) Guía de Observación.

Adicionalmente se utilizó la observación directa por medio de la elaboración de las guías de observación. Su uso obedeció a la necesidad de validar los resultados obtenidos con otras técnicas.

Validación.

De forma previa a la aplicación de los instrumentos, estos se validaron de la forma siguiente:

- De forma interna, por riesgos de sesgo, por validez de constructos, con prueba piloto y
- Con la prueba Alpha de Cronbanch.

Diagrama 1. Lógica de la Investigación. (Elaboración Propia)

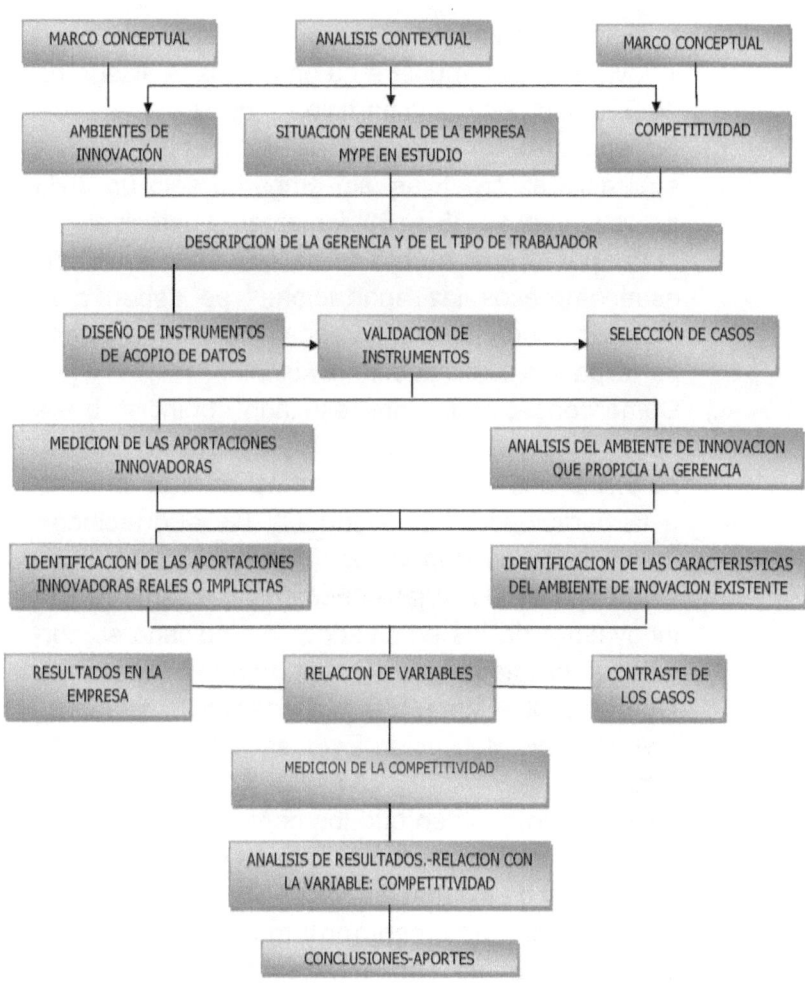

Resultados.

Una vez analizados los datos obtenidos, se obtuvieron los siguientes resultados:

a) El perfil de fomento a la participación creativa e innovación en la muestra de empresas realizada es de BAJO fomento a la participación.

b) Se encontró un 40% (24 de 60 empresas) con aportaciones creativas, sin embargo sólo un 30% de las empresas (18 de 60) fomentan la participación, razón por la cual se puede dilucidar que en 10 de esas empresas las aportaciones se deben a la creatividad propia de la persona y no al fomento a la participación creativa e innovación.

c) Como consecuencia del resultado del inciso b, se puede determinar que en las empresas de la muestra, no existe una relación importante entre el fomento a la participación innovadora y las aportaciones creativas de los empleados.

d) Con respecto a la variable "Fomento a la participación innovadora de los empleados, los indicadores con valores promedio más bajos fueron: Autonomía Operacional, Estímulo a la Generación de Ideas, Prácticas de Motivación Extrínseca y Prácticas de Difusión.

e) Se confirmó también que los gerentes menores de 45 años tienden a promover más la participación innovadora de los empleados.

f) De igual forma se corroboró en la muestra de empresas que los gerentes con estudios de licenciatura o mayores promueven más la participación innovadora de los empleados.

Gráfico 1. Tipo de empresas en estudio.

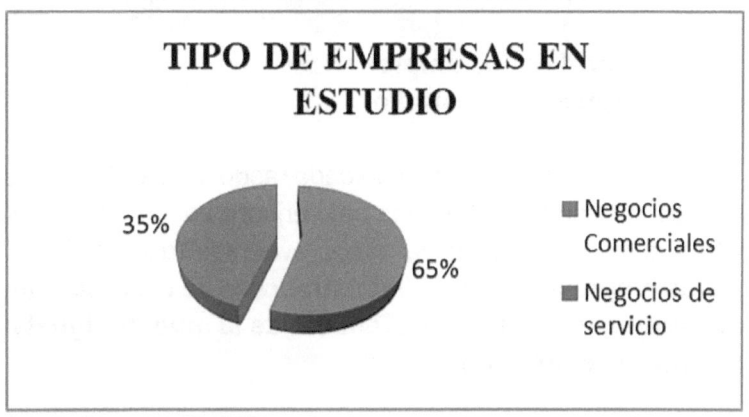

Fuente: Elaboración propia.

En cuanto al giro no existen diferencias significativas en los resultados entre ambos segmentos de empresas estudiadas, a pesar de que se estudiaron más empresas comerciales (65%) que de servicios (35%).

Gráfico 2 Empresas con aportaciones creativas.

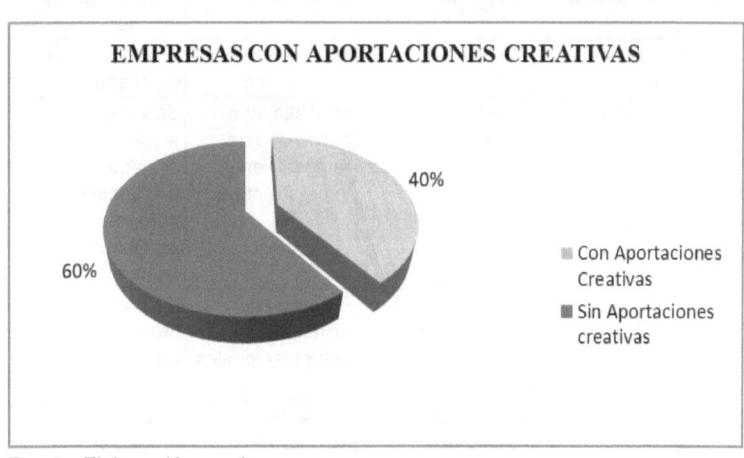

Fuente: Elaboración propia

En las aportaciones creativas el 40% de las empresas estudiadas si presentan aportaciones de este tipo.

Tabla 2. Perfil de los empresarios de las empresas en estudio.

De esta forma se presentan cada rasgo del perfil con tres niveles, que son: el nivel más bajo encontrado, el nivel más alto y el nivel promedio del rasgo evaluado.**Tabla 1. Perfil de los empresarios y/o administradores de las muestras de empresas en estudio. (Tamaño de la muestra igual a 60 empresas en total).**

No.	Rasgo	Límite Inferior de la Muestra	Límite Superior de la Muestra	Predominan
1	Edad	25 años	65 años	Entre 35 y 45 años
2	Nivel de estudios	Carrera Trunca.	Posgrado (Maestría)	Licenciatura
3	Situación empresarial del administrador / empresario.	Empleado	Dueño de la empresa.	Dueño de la empresa, junto con otros socios.
4	Sexo (género)	No aplica	No aplica.	Predominan los varones. 80-20%.
5	Experiencia en el giro	3 años	Más de 40 años.	Entre 8 y 15 años en el giro.
6.	Solvencia económica	Muy limitada, en ocasiones no tienen para pagar nóminas.	Muy alta, con capacidad de reinvertir en infraestructura.	Solvencia económica limitada, dificultades para reinvertir en ambos segmentos.
7.	Manejo de tecnología.	No saben usar la computadora personal.	Experto en sistemas computacionales.	No conocen los beneficios de los sistemas computacionales.
8.	Capacitación recibida.	Nunca reciben capacitación, ni asesoría alguna.	Bastante actualizados y con buena capacitación.	Capacitación reducida.

9.	Visión del negocio.	Anticuada, no creen en la tecnología, ni en modernización, alianzas, nuevos enfoques del negocio, etc.	Moderna, capacitados, con tecnología actual, buscando alianzas con proveedores, con nuevos enfoques del negocio.	Tendencia a una visión tradicional de negocios, buscan más el apoyo de Internet.
10.	Toma de decisiones.	Baja, sólo son empleados que reportan diariamente a los accionistas.	Muy amplia son dueños únicos.	Media, son miembros de una sociedad de accionistas.
11.	Nivel socioeconómico al que pertenecen.	Bajo, familias de escasos recursos que con el tiempo han creado una pequeña empresa.	Alta, dueños varias empresas.	Media en ambos segmentos.
12.	Uso de instrumentos financieros	Bajo, casi ni los conocen.	Muy alto, son expertos financieros.	Medio, usan los estados financieros y ciertos indicadores de negocio.
13.	Manejo de Mercadotecnia.	Solo conocen el producto.	Medio, saben tratar al cliente, manejan algunas variables.	Bajo, sólo saben de precio, distribución y un poco de promoción.
14.	Conocimiento de Recursos Humanos.	Bajo en ambos segmentos, desconocen la mayoría de los procesos.	Alta, conocen la mayoría de los procesos de recursos humanos.	Media, sólo conocen de algunos procesos, no recurren al outosurcing.
15.	Pensamiento cuantitativo.	Muy bajo, no hacen análisis numéricos para ninguna decisión.	Alta, con buenas bases cuantitativas, basan en costo-beneficio sus decisiones	Media, solo en algunas decisiones son analíticos.
16.	Estilo de liderazgo.	Muy pobre, totalmente dictatoriales.	Participativo, alto nivel de participación del personal.	Tendencia a ser dictatoriales en su mayoría, en los dos segmentos.

Fuente: Elaboración propia.

Tabla 3. Valores del "Impulso a la innovación de los gerentes".

No.	Dimensión de Impulso a la Innovación.	Caso I	Caso II	Caso III	Caso IV
1	Prácticas de participación	8	6	6	4
2	Relación tarea-persona	6	5	4	3
3	Autonomía operacional	5	5	4	3
4	Estímulo a la generación de ideas innovadoras.	7	5	4	2
5	Análisis de problemas organizacionales.	7	6	4	1
6	Prácticas de motivación intrínseca.	7	7	4	2
7	Prácticas de difusión.	5	3	3	1
8	Prácticas de comunicación.	4	4	2	0
9	Relación jefe-subordinado.	7	6	6	5
	CALIF. PROMEDIO	6.2	5.2	4.1	2.3

Fuente: Elaboración propia.

Caso I. Gerentes menores de 45 años y con estudios de licenciatura o posgrado.

Caso II. Gerentes menores de 45 años y sin estudios de licenciatura o posgrado.

Caso III. Gerentes mayores de 45 y con estudios de licenciatura o posgrado.

Caso IV. Gerentes mayores de 45 años y sin estudios de licenciatura o posgrado.

a) En esta tabla podemos observar que los gerentes que tienen mayor impulso a la innovación son los del caso I, es decir los menores de 45 años y con estudios de licenciatura o posgrado, con un valor en el constructo de 6.2, con escala de cero a diez.

b) También se puede observar que los gerentes del caso IV, es decir los mayores de 45 años y sin estudios de licenciatura y posgrado, son los que menos impulsan la innovación en sus empleados de acuerdo con el constructo y con un valor en el mismo de 2.3, con escala de cero a diez.

Tabla 4. Valores de la variable "competitividad" en los gerentes.

No.	Dimensión de Impulso a la Innovación.	Caso I	Caso II	Caso III	Caso IV
1	Conocimientos de administración	9	7	8	7
2	Conocimientos de finanzas	8	6	7	4
3	Conocimientos de Admón, de Recursos Humanos.	7	5	5	3
4	Conocimiento de Mercadotecnia	8	4	6	4
5	Conocimiento de sistemas de información.	8	5	5	4
6	Conocimiento de tecnología.	8	6	7	4
7	Técnicas de control.	9	6	9	5
8	Resultados de negocio.	8.5	7.5	9	6
9	Crecimiento.	7	6	7	5
	CALIF. PROMEDIO	8.5	5.8	7.0	4.7

Fuente: Elaboración propia.

Caso I. Gerentes menores de 45 años y con estudios de licenciatura o posgrado.

Caso II. Gerentes menores de 45 años y sin estudios de licenciatura o posgrado.

Caso III. Gerentes mayores de 45 y con estudios de licenciatura o posgrado.

Caso IV. Gerentes mayores de 45 años y sin estudios de licenciatura o posgrado.

a) En esta tabla podemos observar que los gerentes que tienen mayor conocimiento de dimensiones de competitividad son los del caso I, es decir los menores de 45 años y con estudios de licenciatura o posgrado, con un valor en el constructo de 8.5, con escala de cero a diez.

b) También se puede observar que los gerentes del caso IV, es decir los mayores de 45 años y sin estudios de licenciatura y posgrado, son los que tienen menor nivel competitivo más bajo de acuerdo con el constructo y con un valor en el mismo de 4.0, con escala de cero a diez.

Tabla 5. Relación "Impulso a la innovación - competitividad" de los gerentes en estudio.

No.	Variable	Caso I	Caso II	Caso III	Caso IV
1	Impulso a la innovación en los empleados.	6.2	5.2	4.1	2.3
2	Competitividad	8.5	5.8	7.0	4.7

Fuente: Elaboración propia.

Caso I. Gerentes menores de 45 años y con estudios de licenciatura o posgrado.

Caso II. Gerentes menores de 45 años y sin estudios de licenciatura o posgrado.

Caso III. Gerentes mayores de 45 y con estudios de licenciatura o posgrado.

Caso IV. Gerentes mayores de 45 años y sin estudios de licenciatura o posgrado.

a) En esta tabla se puede observar que los gerentes del caso I, es decir los menores de 45 años y con estudios de licenciatura o posgrado, son los que mayormente impulsan la innovación, pero también son más competitivos.

b) Se percibe que los gerentes del caso III, impulsan menos la innovación de los empleados, que los gerentes del caso II, a pesar de eso los gerentes del caso III son más competitivos. Lo anterior nos dice que los gerentes con estudios de licenciatura o posgrados tienden a ser más competitivos que los que no tienen estos estudios, <u>pero no necesariamente impulsan más la innovación en los empleados.</u>

c) El impulso a la innovación depende más de la combinación edad y estudios, a menor edad y más estudios tiende el gerente a impulsar más la innovación en loes empleados.

d) Por otro lado la competitividad, se relaciona más con el nivel de estudios, a mayor nivel de estudios mayor competitividad.

Algunas de las conclusiones más importantes se pueden explicar con los diagramas siguientes:

Diagrama No. 2. Explicación de los resultados.

Fuente: Elaboración propia

a) Propuesta de desarrollo gerencial de los empresarios de los dos segmentos de muestras estudiadas.

Objetivo de la Propuesta:

o Estructurar un programa de capacitación y desarrollo para empresarios, apoyados en Universidades con conocimientos de vanguardia y en asesores externos o consultores, con la finalidad de prepararlos en las dimensiones de competitividad estudiadas y en prácticas que impulsan la innovación de los empleados.

o Adicionalmente promover entre los gerentes o administradores que no tienen estudios la opción de de estudios de carreras administrativas ejecutivas, carreras administrativas abiertas o cursos de educación continua, para que adquieran las bases teóricas de las dimensiones de competitividad.

Conclusiones generales de la Investigación.

a) La competitividad depende más del nivel de estudios de los gerentes que de la edad.

b) El impulso a la innovación depende del nivel de estudios del gerente, de no tener edad muy avanzada y del estilo del administrador.

c) Se detecta la necesidad reconstruir las relaciones entre las empresas, generadoras de la actividad productiva del país y las universidades e instituciones de educación superior, para que por medio de la transferencia de información, conocimientos, prácticas y tecnología, se logren los diseños y las propuestas de planes y programas que fortalezcan a este tipo de empresas, principalmente en lo relacionado a la Competitividad, por consiguiente.

En las Universidades e instituciones de educación superior del país se tienen las siguientes ventajas:

o Formación de docentes en conocimiento empresarial de alto nivel.

o Formación de docentes en conocimiento de desarrollo humano de alto nivel.

o Bajo costo de asesoría.

o Posibilidad de establecimiento de convenios o alianzas con empresarios.

o Disponibilidad de tecnología, bibliografía, bases de datos y software.

o Posibilidad de investigación de problemáticas empresariales no resueltas.

Referencias

Abdel, G., Romo, D. (2004). *Documentos de Trabajo en Estudios de Competitividad.*
Centro de Estudios de Competitividad. México: ITAM.
Albers, J.A., S. Brewer (2003). Knowledge Management and the Innovation Process: The Eco-Innovation Model. *Journal of Knowledge Management Practice,* 4, 1-10
Amabile, Teresa. (2003). Motivation in Software Communities: Work Environment Supports. Harvard Bussines School.
Amabile, Teresa M., Sigal G. Barsade, Jennifer S. Mueller, and Barry M. Staw. "Affect and Creativity at Work: A Daily Longitudinal Test." Harvard Business School Working Paper Series, No. 03-071, 2003.
Batres, R., García-Calderón, L. (2006). *Competitividad y desarrollo Internacional. Cómo lograrlo en México.* México: Mc Graw Hill.
Deci, E.L.; Koestener, R, & Ryan, R.M. (1999). A meta-analytic review of experiments examining the effects of extrinsic rewards on intrinsic motivation. Psychological Bulletin, 125, 627-668.
Esser K., Wolfgang H., Dirk M., Jörg M. (1996), *Systemic Competitiveness, New Governance Patterns for Industrial Development,* Londres, DIE.
Garduño, S.; Castro, M.; Rojas, J. (2006).*Redes Organizacionales de la Industria Chocolatera del Distrito Federal y Área Metropolitana de la Ciudad de México y la Competitividad de sus Empresas.* Ponencia. X Congreso Anual de la Academia de Ciencias Administrativas. San Luis Potosí, México.
González, C. Alberto; Vargas del Río, Adrián. (2004). Estrategia Creativa: Una Alternativa para el
Desarrollo Empresarial. Colombia, Universidad Nacional de Colombia: Revista Creando, Año 2, No.2, ISN 17941253
Hamel, G. and Prahalad, C.K. (1990). "The core competence of the corporation", *Harvard Business Review,* 5-6. *Prentice Hall.* Pág. 208-211.Instituto Nacional para el Fomento de la Calidad, 2010. *Modelo Nacional para la Competitividad de Micro y Pequeñas empresas 2011.* Consultado el 25 de Noviembre del 2012 en:
http://www.competitividad.org.mx/images/stories/PNCModelo Pymes2011-2.pdf
Lerma, A. (2000). *Comercio Internacional. Metodología para la Formulación de Estudios de Competitividad Empresarial.* México. ECAFSA.182-212.
López, I.; Fernández, A.; Machado, E.; Agustín, L. (s.f).*La inteligencia competitiva como herramienta de innovación.* Universidad de

Zaragoza. España. Consultada el 10 de Febrero del 2011 en http:// www.ingegraf.es/XVIII/PDF/Comunicacion17012.pdf.

López, Martha; López, Maricela y Pérez, Silvia (2204). *Hacia una competitividad integral de las Pymes en la era del conocimiento.* Ponencia Congreso ACACIA, Mayo 2004.

Moreno, G., Sanjinés, E. (2002). *Actitudes y Valores de 2 pequeños empresarios en Celaya y su relación con el éxito de sus empresas.* (Ponencia). Instituto Tecnológico de Celaya. Celaya, Guanajuato.

Porter, M. (2005). La Ventaja Competitiva de las Naciones. Buenos Aires: Editorial Vergara.

Robinson, Alan G. y Stern, Sam. (2000). *Creatividad Empresarial.* México: Prentice Hall.

Sala-I-Martin, X., B. Bilbao-Osorio, J. Blanke, R. Crotti, M. Drezeniek, T. Geiger, C. Ko (2013). The Global Competitiveness Index 2012-2013: Strengthening Recovery by Raising Productivity. In *The Global Competitiveness Report 2012–2013.* Ed. K. Schwab. World Economic Forum. Switzerland.

Schuller, B., & Lidbom, M. (2009). *Competitiveness of Nations In The Global Economy. Is Europe Internationally Competitive?* Economics y Management, 14, 934-939.

UNESCO. *(1996). Situación educativa de América Latina y el Caribe. 1980-1994,* Santiago de Chile.

Vilanova, M., Lozano, J., & Arenas, D.(2009). Exploring the nature of the relationship between csr and competitiveness. *Journal of Business Ethics,* 87, 57-69.

Zevallos, E. (2003). Micro, pequeñas y medianas empresas en América Latina. *Revista CEPAL.* Abril 2003.

Capítulo No. 3.-

El Servicio al cliente como estrategia de permanencia

CANACO Tampico es una agrupación empresarial con más de 100 años de existencia, agrupa mipymes comerciales y de servicios. Muchas de estas empresas están en situación difícil debido al momento de negocios actual en México, adicionalmente no evalúan el servicio al cliente.

Como resultado de lo anterior surgió el interés por desarrollar un estudio descriptivo, cuantitativo, buscando determinar el nivel de servicio al cliente de estas empresas. Teóricamente se basa en el Modelo de servicio al cliente SERVQUAL (Parasuraman, Zeithman y Berry) y en conceptos de competitividad de diferentes autores. Fue necesario emplear una herramienta de acopio de información, tipo encuesta. Entre los principales resultados obtenidos se encuentran los indicadores concernientes a las cinco dimensiones del SERVQUAL y a la situación competitiva de estas empresas.

La información obtenida permite la propuesta de programas de asesoría y capacitación a estos empresarios, con el objeto de incidir en la mejora.

3.1.- INTRODUCCIÓN

El servicio al cliente en los tiempos actuales es sinónimo de competitividad, es el elemento que en muchas empresas hace la diferencia. CANACO Tampico es una organización empresarial representativa de la ciudad de Tampico, aglutina empresas con diferentes niveles de capacitación y manejo del servicio al cliente.

Los administradores de las mismas requieren encontrar caminos para sacar adelante a sus empresas ante un ambiente de alta competencia, difícil situación socioeconómica del país y de la zona, alta inseguridad y muy reducidos apoyos oficiales. La mayoría de estas empresas no evalúan el servicio que ofrecen a sus clientes, como herramienta de apoyo en el diseño de estrategias de mejora.

Slywotzky (2003) habla de buscar la rentabilidad por medio de soluciones para los clientes, lo cual consiste en invertir cantidades importantes de recursos con la finalidad de poder entender a los clientes, de esta forma se les pueden ofrecer soluciones especialmente dirigidas a ellos.

La competitividad y eficiencia empresarial tienen en el servicio, uno de sus bastiones fundamentales, tal como Zeithalm (2002) señala, al indicar que el ofrecer servicios de excelente calidad es el primero de tres principios estratégicos de la relación con los clientes.

Evaluar el servicio al cliente puede potenciar el nivel de competitividad de una pequeña empresa, ya que por un lado le permite ser de utilidad como herramienta de acopio de información para toma de decisiones y por otro lado le sirve como el inicio de una estrategia generadora de valor ante sus competidores, los cuales día a día siguen creciendo.

En relación a lo antes descrito, es que la evaluación del servicio al cliente en estas empresas afiliadas a la CANACO Tampico, resulta un elemento de interés en la investigación, de forma tal que se pueda determinar el nivel de calidad del servicio al cliente que ofrecen estas empresas, adicionalmente sea factible definir también el nivel de conocimiento de dimensiones de competitividad por parte de sus gerentes, y por último se pueda ofrecer un plan estratégico de capacitación y desarrollo gerencial en acciones de servicio al cliente, el cual pueda incidir en la competitividad de estas empresas.

3.2.- REVISIÓN DE LA LITERATURA

A.- Variable de estudio: Competitividad.

La competitividad resulta ser una variable muy amplia, por ser una variable con diversos enfoques conceptuales, con muchas aplicaciones en diferentes ámbitos y por tener diferentes niveles de análisis; razón por la cual, en este proyecto de investigación se consideró solamente el nivel de análisis 1(uno), que es el nivel de la empresa, de acuerdo con Abdel y Romo (2004), dejando a un lado los demás niveles.

B.- Modelos Teóricos de competitividad empleados y sus dimensiones.

En la tabla siguiente se describen los diez los modelos teóricos de competitividad empleados y sus dimensiones conceptuales incluidas, en las cuales se puede observar en negritas la participación del servicio al cliente en estos modelos.

Tabla 1. Modelos conceptuales de competitividad.

No.	Nombre	Autor(es)	Año	Características
1	Modelo Nacional Para Mipymes Competitivas	Instituto Nacional para el Fomento de la Calidad, (2010)	2010	o Conocimiento del entorno o Alianzas o **Relación con Clientes.** o **Recursos y Actividades clave** o *Propuesta de Valor* o Estructura de Costos o Fuente de Ingresos
2	Modelo de la Competitividad Sistémica	Esser, Wolfgang, Dirk, Meyer_Stamer, (1996)	1996	o Capacidad de la Gestión o **Estrategias Empresariales** o *Gestión de la Innovación* o Mejores Prácticas Producción o Integración Redes Coop. Tecnológicas o Logística Empresarial o Interacción de Proveedores y Productores
3	Modelo de la Competitividad Integral	López, López y Pérez,(2004)	2004	o Papel del Gobierno. o **Acciones de la Empresa. (Servicio al cliente)**
4	Modelo del Análisis de la Competitividad	Ten Kate, citado por Garduño, Castro y Rojas(2006).	2006	o Factores que afectan los Costos, Precios, Rentabilidad, **Permanencia y Penetración de Mercados**. o Factores de Eficiencia de Uso de Insumos. o **Factores relacionados con Calidad y Diferenciación de Productos o Servicios**.
5	Modelo de Competitividad	Hamel y Prahalad, (1990).	1990	o Posición Relativa en el Mercado. o **Ventaja Competitiva Sostenible**. Competencias Centrales

6	Modelo de Competitividad en el Comercio Internacional	Lerma, (2000).	2000	o Producto vendible en el comercio exterior (Diseño, calidad, presentación, tecnología, envase, precio, etc.) o **Comercialización (Promoción, venta, servicio, condiciones comerciales)** o *Empresa (Organización, Capacidad Tecnológica, Productiva, y Económica, Actitud hacia la Internacionalización, ión) Innovación.*
7	Modelo de Desarrollo y Generación de Competitividad Internacional.	Batres y García, (2006).	2006	o Desarrollo de Cadenas Productivas o ***Capital Humano, Capacitación y Desarrollo.***
8	Modelo de las Ventajas Competitivas	Porter, (2002)	2002	o Composición del Sector o Poder e influencia de cada Fuerza. o Posición Competitiva. o **Cadenas de Valor** o ***Ventajas Competitivas.***
9	Modelo de Competitividad	Schuller y Lidbom, (2009).	2009	o Desempeño del Mercado o Alta eficiencia o ***Factores de éxito clave. Valor agregado.***
10	Modelo de Competitividad de una Compañía	Vilanova, Lozano y Arenas, (2009).	2009	o *Capacidad de Innovación* o Relaciones Internas y Externas. o **Reputación** o Recursos Estratégicos

Fuente: Elaboración propia.

Variable de estudio: Servicio al cliente.-

Servicio al cliente para fines de este estudio se manejará como el resultado numérico obtenido de aplicar el cuestionario SERVQUAL y las dimensiones de servicio adicionales de los modelos estudiados. La metodología SERVQUAL emplea 5 dimensiones de servicio, las cuales son: elementos tangibles, fiabilidad, empatía, seguridad y capacidad de respuesta.

Definición Operacional de la Variable 2: Competitividad.

Se entenderá por competitividad al valor resultante de evaluar en los gerentes una serie de dimensiones de los modelos de competitividad estudiados.

3.3.- MÉTODO.

Objetivos Generales. Evaluar la calidad de servicio al cliente de una muestra de empresas pequeñas afiliadas a la CANACO Tampico, así como el nivel competitivo de sus gerentes, de forma tal que se pueda establecer un plan de acciones orientado a los administradores de estas empresas y que incida en la competitividad de las mismas.

Objetivos Específicos.

a).- Evaluar el nivel de calidad en el servicio al cliente de las empresas en estudio.

b).- Desarrollar un plan de acciones para los administradores, basado en estrategias de servicio al cliente.

Delimitación de la Investigación.

El proyecto se limitó a estudiar en una muestra de 40 empresas MYPES afiliadas a la CANACO Tampico, las dimensiones de la variable servicio al cliente, obtenidas del marco teórico del proyecto.

1.- Sólo se buscará encontrar la relación entre las variables: servicio al cliente y la capacitación o asesoría en dimensiones de competitividad del administrador.
2.- Solo se consideraron empresas micros y pequeñas (MYPES) afiliadas a CANACO Tampico.

Características del Estudio.

El estudio fue descriptivo transversal y no experimental.

a) *Población.* La población en estudio está formada por empresas pequeñas comerciales y de servicios pertenecientes a la CANACO Tampico.
b) *Muestra.* La muestra que se utilizó fue **No representativa** de la población, con un total de 40 empresas, por dificultad de acceso a las empresas en esta zona.

Se empleó la técnica denominada muestreo a juicio o conveniencia del investigador.
Criterios de Selección de Casos.
La calidad de servicio al cliente en cada empresa y la competitividad de la gerencia se analizaron bajo las siguientes condiciones exógenas: a) *Nivel de Estudios del gerente o administrador y b) Capacitación en servicio al cliente recibida.*

a) *Nivel de Estudios del Gerente o Superior.* Hipótesis: Un gerente o administrador con estudios de licenciatura, tiende a promover más la calidad en el servicio en comparación con uno de menor nivel de estudios.

b) Un gerente o administrador que ha recibido capacitación o asesoría previa en calidad en el servicio. Hipótesis: tiende a promover mejor el nivel de servicio en su empresa.

Por tal razón las combinaciones que se buscaron en la Muestra se describen en la tabla siguiente:

Tabla 2. Combinación Edad del Gerente Nivel –Nivel de Estudios-No. De Casos.

Combinación	Nivel de Estudios	Capacitación previa recibida de servicio.	No. De Casos
I	Con Estudios de Licenciatura	SI	10
II	Sin Estudios de Licenciatura	SI	10
III	Con Estudios de Licenciatura	NO	10
IV	Sin Estudios de Licenciatura	NO	10

Fuente: Elaboración Propia

Recolección de Datos.

a) Técnica. Diseño del Instrumento.

Se emplearon dos herramientas diferentes, un cuestionario para los clientes y una entrevista para los gerentes.

a.1 Cuestionarios para los clientes. Se empleó un cuestionario compuesto, basado en la herramienta SERVQUAL y empleando el modelo de servicio de Grönroos.

a.2 Entrevista. Se diseñó una entrevista estructurada para aplicar a los gerentes o administradores de las empresas en cuestión, basada en los modelos conceptuales de competitividad.

La validación del instrumento se llevó a cabo por medio de una prueba piloto, por la técnica de validación de interna, por eliminación de sesgos en la aplicación del mismo y con la prueba Alpha de Cronbach.

Análisis de datos. Se desarrolló empleando las herramientas de la Estadística Descriptiva y pruebas de hipótesis.

3.4.- RESULTADOS.

Buscando presentar los resultados de una manera más clara, se desarrolló la Tabla 3, en ella se hace una descripción del significado de cada una de las siete categorías de la Escala de Likert empleada en el cuestionario para medir la calidad de servicio al cliente de Servqual. Cada categoría es un estrato.

Tabla 3. Categorías medidas de acuerdo con la escala de Likert.

Nivel Likert	Significado	Rango-Porcentaje
0-1	Totalmente Insatisfecho	0.0 – 14.3
1-2	Insatisfecho	14.3 – 28.6
2-3	Algo Insatisfecho	28.5 – 42.9
3-4	Indiferente	42.9 – 57.2
4-5	Algo Satisfecho	57.2 – 71.5
5-6	Satisfecho	71.5 – 85.8
6-7	Totalmente Satisfecho	85.8 – 100.0

Fuente: Elaboración propia.

a).- Etapa 1. Aplicando la Encuesta SERVQUAL para cada una de las dimensiones del modelo, *se* obtuvieron los resultados siguientes:

*Tabla 4. Dimensión del modelo
SERVQUAL: Elementos Tangibles.*

ELEMENTOS TANGIBLES										
ITEM	1	2	3	4	5	6	7	MEDIANA	DESV. EST.	PROMEDIO
1				6	15	18	21	6	0.99	354
2		3	6	11	6	21	13	6	1.48	315
3			11	6	15	19	9	5	1.31	309
4	11	16	9	15	6	3		3	1.45	178
							TOTALES	4.00	1.88	4.82

Fuente: Elaboración propia.

En la Tabla 4 se observa que el promedio general de la dimensión "*elementos tangibles*" fue de 4.82 lo que equivale al 68.87% del rango porcentaje de satisfacción del 0 – 100 en la escala de Likert (Tabla 3). Lo anterior significa que en promedio los clientes se encuentran en el rango denominado "Algo satisfechos" en esta dimensión.

Tabla 5. Dimensión del modelo SERVQUAL: Fiabilidad.

FIABILIDAD										
ITEM	1	2	3	4	5	6	7	MEDIANA	DESV. EST.	PROMEDIO
1	22	18	14			6		2	1.46	136
2	25	11	10	7		7		2	1.67	147
3	21	24	3	6	3	3		2	1.45	135
4	30	10	5	6	6	3		2	1.65	137
							TOTALES	3.00	1.69	2.52

Fuente: Elaboración propia

Observando la Tabla 5, el promedio general de la dimensión de *Fiabilidad* fue de 2.52 lo que equivale al 36% del rango porcentaje de satisfacción del 0 – 100 en la escala de Likert, esto es, que los clientes se encuentran "algo insatisfechos" dentro de esta dimensión.

De igual manera en las demás dimensiones del modelo Servqual se obtuvieron los resultados que a continuación se describen:

o   El promedio general de la dimensión de *Capacidad de Respuesta* fue de 3.62, que equivale al 51.67% del rango porcentaje de satisfacción del 0 – 100 en la escala de Likert, esto significa que los clientes se encuentran "indiferentes" dentro de esta dimensión.

o   El promedio general de la dimensión de *Seguridad* fue de 3.00, lo anterior equivale al 42.9% del rango porcentaje de satisfacción del 0 – 100 en la escala de Likert, y es indicador de que los clientes se encuentran "algo insatisfechos" dentro de esta dimensión.

o   El promedio general de la dimensión de *Empatía* fue de 4.97, lo que representa el 71.05% del rango porcentaje de satisfacción del 0 – 100 en la escala de Likert, y significa que los clientes se encuentran "algo satisfechos" dentro de esta dimensión

3.6.- CONCLUSIONES

A continuación se presenta la Tabla 6 con las principales conclusiones de la investigación.

Tabla 6. Conclusiones de la investigación

No.	Conclusiones
1	Los gerentes que tienen estudios de licenciatura ofrecen mejor nivel de calidad en el servicio en las empresas que dirigen en comparación con los gerentes que no tienen estudios de licenciatura
2	Los gerentes que han recibido capacitación en el tema de calidad en el servicio ofrecen mejor nivel de calidad en el servicio en sus empresas que aquellos que no han recibido capacitación en el tema
3	En aquellas empresas en las cuales sus gerentes no tienen estudios de licenciatura, ni han recibido capacitación en el tema de calidad en el servicio, son las que resultan con menor nivel percibido de calidad en el servicio.
4	La competitividad del gerente en cuanto a las dimensiones investigadas, depende en la mayoría de los casos, del nivel de estudios de los gerentes y de su capacitación o asesoría recibida previamente en aspectos como el servicio al cliente.
5	En empresas con gerentes sin estudios de licenciatura, y sin ninguna capacitación o asesoría en estrategias de competitividad, se incrementa la posibilidad de disminución de la competitividad en las empresas mypes.

REFERENCIAS

Abdel, G., Romo, D. (2004). *Documentos de Trabajo en Estudios de Competitividad.* Centro de Estudios de Competitividad. México: ITAM.

Batres, R., García-Calderón, L. (2006). *Competitividad y desarrollo Internacional. Cómo lograrlo en México.* México: Mc Graw Hill.

Berry, L., Bennet, C. y Brown, C. (1989). *Calidad del servicio.* México: Editorial Díaz de Santos.

Esser K., Wolfgang H., Dirk M., Jörg M. (1996), *Systemic Competitiveness, New Governance Patterns for Industrial Development,* Londres, DIE.

Garduño, S., Castro, M., Rojas, J. (2006). Redes Organizacionales de la Industria Chocolatera del Distrito Federal y Área Metropolitana de la Ciudad de México y la Competitividad de sus Empresas. Ponencia. *X Congreso Anual de la Academia de Ciencias Administrativas.* San Luis Potosí, México.

Grönroos, C. (1994). *Marketing y gestión de servicios.* Madrid: Díaz de Santos

Hamel, G. and Prahalad, C. (1990). "The core competence of the corporation". *Harvard Business Review,* Prentice Hall. Pág. 208-211.

Hoffman, D., Bateson, J.(2012). *Marketing de servicios. Conceptos, estrategias y casos.* Cuarta edición. México: Cengage Learning.

Instituto Nacional para el Fomento de la Calidad (2010). *Modelo Nacional para la Competitividad de Micro y Pequeñas empresas 2010.* Consultado el 25 de Noviembre del 2012 en: http://www.competitividad.org.mx/images/stories/PNCModelo Pymes2011-2.pdf

Lerma, A. (2000). *Comercio Internacional. Metodología para la Formulación de Estudios de Competitividad Empresarial.* México. ECAFSA.182-212.

López, I., Fernández, A., Machado, E., Agustín, L. (s.f*). La inteligencia competitiva como herramienta de innovación.* Universidad de Zaragoza. España. Consultada el 10 de Febrero del 2011 en http://www.ingegraf.es/XVIII/PDF/Comunicacion17012.pdf.

López, M., López, M. y Pérez, S. (2004). *Hacia una competitividad integral de las Pymes en la era del conocimiento. Ponencia Congreso ACACIA,* Mayo 2004.

Moreno, G., Sanjinés, E. (2002). Actitudes y Valores de 2 pequeños empresarios en Celaya y su relación con el éxito de sus empresas. (Ponencia). Instituto Tecnológico de Celaya. Celaya, Guanajuato.

Porter, M. (2009). *Ser Competitivo. Edición actualizada y aumentada.* España: Edit. Deusto.

Schuller, B., & Lidbom, M. (2009). Competitiveness of Nations In The Global Economy. ¿Is Europe Internationally Competitive?. *Economics y Management,* pp. 14, 934-939.

Slywotzky, A. (2003). *El arte de hacer rentable una empresa.* Bogotá: Norma

Vilanova, M., Lozano, J., & Arenas, D.(2009). Exploring the nature of the relationship between csr and competitiveness. *Journal of Business Ethics,* pp. 87, 57-69.

Zeithaml, V., Bitner, M. & Gremier, D. (2012). *Marketing de servicios. Un enfoque de integración del cliente a la empresa.* México: Mc Graw Hill

Capítulo No. 4.-

Factores que limitan el crecimiento de las PyMes

La economía de un país, una zona o una región, dependen en gran medida del éxito que puedan tener los inversionistas (empresarios), con los negocios que decidan crear en el mismo, un país en el que no se realicen inversiones es un país que no tendrá crecimiento económico, lo que provocará serios problemas en el país y por consecuencia una pobreza muy fuerte en sus habitantes. Dentro de este tipo de inversionistas se encuentran aquellos que deciden arriesgar su incipiente capital dado que no tienen acceso a un empleo digno o bien porque deciden convertirse en empresarios, siendo éstos los creadores de las pequeñas y medianas empresas, mejor conocidas como PyMes.

Sin embargo, en nuestro país como en muchos otros más, este segmento de empresas es muy volátil, es decir muy débiles desde su creación, por lo que su éxito como tal no está garantizado, siendo muchas y muy diversas las causas que pueden originarlo.

En el manual para la promoción de las PyMes Mexicanas de Rafael Espinosa Mosqueda, menciona los problemas más comunes de la pequeña y mediana empresa, para Gelmetti (2006) las debilidades y problemas que son preocupantes para el crecimiento de este tipo de empresas son:

1.- Management con visión de corto plazo: *La falta de una planificación a mediano y largo plazo, que provoca una gestión de carácter reactivo.*

2.- Escasa atención al tema de calidad: *las PyMes al no darle importancia a la calidad de sus productos o servicios así como a la producción, llegan a perder clientes por la razón que hacen automáticamente las operaciones de vender y producir.*

3.- Deficiente tecnología de producción: *la incorporación de equipamiento de última tecnología es insuficiente, tampoco muestran mejoras sustanciales en sus instalaciones.*

4.- Bajo nivel de información: *en los momentos actuales la información debe ser rápida, veraz y oportuna, de otra forma las empresas se vuelven lentas y obsoletas en su gestión.*

5.- Productividad insuficiente: *las PyMes presentan un bajo nivel de productividad debido al equipamiento tecnológico, otras veces por la falta de motivación y compromiso que existe entre los trabajadores.*

6.- Escasas y caras fuentes de financiamiento: *las dificultades financieras han sido una causa constante para su desenvolvimiento, máxime por las crisis económicas que han debido soportar.*

7.- Recursos Humanos poco calificados: *la visión de que un mejor y más calificado personal solo incrementa los costos atenta contra un mejor performance de la empresa.*

8.- Estructuras organizativas inadecuadas: *la velocidad del cambio y las formas de gestión, suelen dejar obsoletas las formas organizativas de las PyMes.*

9.- Escasa atención a los mercados externos: *pocas son las empresas que entienden que los mercados ahora son globales o como mínimo regionales.*

Las PyMes en Tamaulipas, representan aproximadamente la tercera parte de las empresas que existen en el estado, lo que nos dice el nivel de importancia que tienen, a nivel nacional este segmento de empresas tiene una distribución bastante similar, sin embargo la fragilidad de las mismas hace necesario investigar que variables las vuelven tan vulnerables, con el fin de implementar acciones que permitan su aparición, estabilización y crecimiento, logrando de esta forma mejorar la economía de la zona donde se encuentren, a través principalmente de la generación de empleos.

4.1.- Planteamiento del Problema.-

Actualmente las empresas pequeñas y medianas han adquirido gran importancia en la economía del país por ser las que contribuyen mas al PIB nacional, así como generar miles de empleos, es por eso que en estos últimos años ha surgido la inquietud de estudiarlas para encontrar más y mejores maneras de apoyar a estas empresas, normalmente este tipo de organizaciones nacen como empresas familiares que se crearon con el fin de proporcionar servicios a una limitada población y generalmente por necesidad económica de la familia, sin embargo y una vez que han superado en promedio los seis meses de operación, empiezan a visualizar un horizonte más amplio e intentan crecer, ya sea ampliando la oferta de productos o servicios o bien creando nuevas sucursales que implican mayores gastos en todos los aspectos y es ahí donde la mayoría de estos negocios empiezan a encontrar limitantes que les impiden alcanzar sus objetivos; es en este momento donde la empresa entra en la etapa de declinación del ciclo de vida y salvarla se vuelve casi una misión imposible.

4.2.- Objetivos.-

a).- Objetivo general.-

Identificar cuáles son los principales factores que limitan el crecimiento o afectan la estabilidad de las PyMes que se encuentran ubicadas en la zona centro de la Cd. y Puerto de Altamira, para identificarlos es necesario investigar la importancia que tienen las pymes en la zona mencionada, así como identificar que limitaciones presentan que impidan que las empresas alcancen un mayor nivel de competitividad, conocer el tiempo de vida promedio que presentan estas empresas y finalmente determinar el o los factor(es) principal(es) que limita(n) el crecimiento y/o permanencia de éstas empresas, ya que de su éxito depende en cierta medida la economía de la zona centro de esta ciudad.

b).- Objetivos específicos.-

A).-Definir el tipo de investigación a realizar.
B).-Estructurar el instrumento (encuesta) para la investigación.
C).-Analizar los resultados de las encuestas.
D).-Realizar una propuesta.

4.3.- Justificación/delimitación.-

Cuando un inversionista decida apostar por la creación de su propia empresa, nunca lo hace pensando en que la misma vaya a fracasar, por el contrario, tiene todas sus ilusiones puestas en el negocio; por lo tanto, si se le brinda ayuda que le permita sacar adelante la empresa, será benéfico para el inversionista, para la economía de la región, ya que requerirá de emplear personal y para el estado, dado que estará sujeta a un régimen fiscal que le requerirá cumplir con ciertas obligaciones fiscales (impuestos); en pocas palabras todos ganan.

La investigación se llevará a cabo en pequeñas y medianas empresas de la ciudad de Altamira en el estado de Tamaulipas, y se realizará durante el segundo semestre de 2014, siguiendo un muestreo no probabilístico

4.4.- MARCO TEÓRICO.-

Durante los últimos años se ha escuchado sobre los posibles países que pudieran emerger como grandes potencias, sin embargo, las noticias no son tan alentadoras como se esperaban que lo fueran para México.

De acuerdo con Hernández (2007) China se podría convertir para el 2020 en la primera economía del mundo, y nace la incógnita de porque si México, cuenta con una fuerza laboral mucho mas joven, tiene una posición geográfica que lo hace mas rápido en el envío de productos, posee una red de acuerdos especiales único en el mundo, y cuenta con recursos naturales envidiables para otras naciones, ¿Como es que no puede perfilarse para estar dentro de las grandes potencias?

Uno de los aspectos que se podría comenzar a considerar es el apoyo a las empresas de reciente creación que nacen con nuevas ideas y con visión de crecer y apoyar la economía mexicana: las pequeñas y medianas empresa.

Características generales de las pequeñas y medianas empresas (pymes). Según Mercado (2008) algunas de las características más comunes que presentan estas empresas son las siguientes:

1. Deberán servir a un mercado limitado o, dentro de un mercado más amplio a un número reducido de clientes,

2. El tamaño de estas empresas corresponde al programa de producción de cada una de ellas y a la capacidad de los empresarios para administrarla,
3. Fabrican productos, con tendencia a cierta especialización, y usan procesos sencillos de fabricación,
4. Disponen de medios financieros limitados,
5. Sus equipos de producción y su maquinaria son sencillos,
6. Cuentan con personal reducido,
7. Utilizan materias primas locales de fácil acceso, no siempre conservables, o bien semiterminados,
8. Los empresarios cooperan personalmente en la producción, la supervisan directamente, o la dirigen mediante un número reducido de supervisores,
9. Los empresarios supervisan personalmente las ventas de sus productos,
10. Sus sistemas de contabilidad y de control son sencillos.

De acuerdo con Gómez (2007) también se encuentran las siguientes:

1. Tienen capital proporcionado por una o dos personas que establecen una sociedad,
2. La administración es empírica,
3. Utilizan más maquinaria y equipo aunque se basen en el trabajo más que en el capital,
4. Dominan y establecen un mercado más amplio,
5. Están en proceso de crecimiento (la pequeña tiende a ser mediana, y la mediana aspira a ser grande),
6. Obtienen algunas ventajas fiscales.

Cabe destacar que muchas de las características que las clasifican como pymes, son restricciones para el cumplimiento de lo que se conoce como negocio en marcha.

Para continuar con la identificación se establece su clasificación, según sea el caso, micro, pequeña y mediana empresa.

Debido a la variada literatura que se encuentra sobre la clasificación del tamaño de las empresas, para este estudio se toma la tabla No.1 que sugiere Gómez (2007), en la que muestra la estratificación por número de empleados en los giros industrial, comercio y de servicios.

Tabla No.4.4.1.- Clasificación de empresas
por número de empleados.

EMPRESA	INDUSTRIA	COMERCIO	SERVICIOS
MICRO	0-10	0-10	0-10
PEQUEÑA	11-50	11-30	11-50
MEDIANA	51-250	31-100	51-100

Fuente: El futuro de las PyMes en el marco del TLC

La importancia de las pymes radica principalmente en la cantidad de empleos formales que generan con su aparición, según Gómez (2007) las pymes contribuyen al PIB en México de la siguiente manera:

La contribución de las pymes en la actividad económica de México, se da principalmente en términos de:

- Empleo
- Contribución al crecimiento económico
- Desarrollo Regional
- Participación en el comercio Internacional de México.

En cuanto a su aportación en la generación de empleos tenemos lo siguiente:

- Importante generadora de empleo en México
- Generan 7 de cada 10 empleos formales
- En el 2001 la población empleada en México supero los 10 millones de trabajadores registrados en el IMSS.

Su aportación al crecimiento Económico del país se da de la siguiente forma:

- Contribuyen con mas del 40% del PIB de México
- En el 2001 alcanzo un PIB alrededor de 600 mil millones de dólares
- En el 2001 las Pymes contribuyeron al PIB con alrededor de 240 mil millones de dólares.

Así mismo, este segmento de empresas se encuentra distribuido en las Actividad Sectorial de la siguiente manera:

a).- El 51% en la actividad comercial
b).- El 36% en el sector servicios
c).- El 13% en actividades Industriales.

La Importancia de las pymes en Tamaulipas

Según Jiménez et al. (2007). En el sur de Tamaulipas (Tampico, Madero y Altamira), el problema de las PYMES presenta características semejantes a las del resto del país. El clúster químico y petroquímico que se ha creado con la idea de consolidar este sector, no alcanza a favorecer a todos los sectores económicos, y sólo las grandes empresas instaladas en dicho complejo han presentado características de crecimiento y bienestar.

Así mismo mencionan los mismos autores que desde hace 9 años el Producto Interno Bruto (PIB) de Tamaulipas, ha aumentado cada año por arriba del crecimiento nacional en un 3.2 por ciento de 1993 a 1997. Es la región donde se acentúa el crecimiento del país en un 6.5 por ciento de 1998 a 2000. El PIB a precios constantes de Tamaulipas creció durante el 2001 en un 5.4 por ciento. Con ésta tasa se ubica como la entidad con mayor crecimiento económico durante el 2001.

De acuerdo con una investigación realizada en varios estados sobre el perfil económico de las pymes, se obtuvieron datos relevantes para éste estudio, así, de acuerdo con la Red PYMES-Cumex, (2010) las empresas ubicadas en Tamaulipas se encuentran distribuidas por su tamaño y personal ocupado, de la siguiente forma (Se debe considerar que para el año actual las cifras pudieron haber variado, sin embargo es una referencia importante, de la que solo se tomarán los datos que nos interesan para la investigación):

- Las pequeñas empresas ocupaban 58,338 empleados, representando un 11% del total de las empresas establecidas.
- Las empresas medianas ocupaban 90,181 personas representando un 17% del total de las empresas establecidas en el estado.
- También es importante destacar que en dicha investigación se encontró que Tamaulipas en el sector manufacturero, ocupa mas personal que los estados de Hidalgo, Estado de México, Puebla, y Sonora, representando un 36%.
- De acuerdo a estos mismos datos se obtiene que del total de las empresas que se encuentran en Tamaulipas, el 14.7% se encuentran ubicadas en Tampico, superado solo por Reynosa, que presenta un 15.1%.
- Se obtuvieron además los siguientes datos del estado de Tamaulipas:

- La edad promedio de los propietarios es de 47 años.
- De los propietarios el 79% son hombres y el 21% son mujeres.
- De los propietarios el 58% cuenta con una licenciatura (de los cuales el 45% del total cuentan con una carrera económica-administrativa)
- En el 19% de las empresas, sus propietarios han creado un negocio con anterioridad
- El promedio de tiempo que tienen los propietarios como dueños del negocio es de 15 años, destacando que el 60% son de primera generación.
- El 91% de estos propietarios participan plenamente en las actividades del negocio
- El 73% de los negocios fueron apoyados económicamente por familiares para su creación.
- El 3% tuvieron un crecimiento nulo, 23% bajo, 61% mostraron tener un crecimiento medio, y solo el 12% tuvieron un crecimiento alto.
- Respecto al aumento en el número de empleados el 43% tuvo un aumento medio y solo el 4% un aumento alto en lo correspondiente al personal.
- En inversión en maquinaria y equipo el 46% tuvo un aumento medio y el 11% un aumento alto.
- Un dato interesante y bueno es que para la toma de decisiones en las pymes de
- Tamaulipas el 81% lo hace en base a información financiera, comparándola con el estado de México en el que solo el 495 lo hace de esta forma.
- Sin embargo solo el 21% cuentan con un plan de desarrollo documentado, lo que las hace vulnerable a la variación de sus proyectos.
- Además queda por debajo de los otros Estados mencionados anteriormente cuestión de procedimientos documentados con un 32%.

De lo anterior se puede concluir que en Tamaulipas las pymes presentan una carencia en el aspecto de planeación y organización y en el uso de la tecnología y cuidado de la calidad, los resultados no son tan malos, pero, podrían mejorarse.

Restricciones a las pymes.

Existen muchos limitantes que impiden que las pequeñas y medianas empresas perduren con una estabilidad económica buena, incluso no permiten que aspiren a crecer. Para efectos de esta investigación se considerarán como restricciones los impuestos, financiamiento, organización y administración, tecnología, localización, la inseguridad, publicidad y finalmente falta de asesoramiento; mismas que se explicaran a continuación, dando margen a agregar las que surjan durante el desarrollo de investigación.

La carga tributaria (Impuestos) a la que deberán estar sujetas las empresas dependerá de la forma en que se constituyan. Cuando se trate de una persona moral se regirá por el titulo II de la Ley del Impuesto Sobre la Renta, cuando se trate de una empresa persona física estará regida bajo el título IV de la misma ley.

El Código Fiscal de la Federación (CFF) en su artículo 2 señala como definición de impuestos a las contribuciones establecidas en la ley que deben pagar las personas físicas y morales que se encuentren en la situación jurídica o de hecho prevista por la misma y que sean distintas de las señaladas en las fracciones II, III y IV de éste mismo artículo (aportaciones de seguridad social, contribuciones de mejoras y derechos, respectivamente.)

Las actividades empresariales, Según el artículo 16 del CFF se entiende por actividades empresariales las siguientes:

a).- Comerciales,
b).- Industriales,
c).- Agrícolas,
d).- Ganaderas,
e).- Pesqueras y silvícolas.

De acuerdo con Latapí (1999) los principales impuestos son:

- Ley del Impuesto Sobre la Renta (LISR)
- Ley del Impuesto al Valor Agregado (LIVA)
- Ley del Impuesto Especial Sobre Producción y Servicios (LIESPS)
- Ley del Impuesto Sobre Automóviles Nuevos (LISAN)
- Ley de Tenencia y Uso de Vehículos

Sin embargo es importante señalar que los impuestos a los que se hagan acreedoras las pymes dependerán de la actividad a la que se dediquen.

En cuanto al Financiamiento consideraremos las limitantes que propone Mercado (2008), quién coincide con Gómez (2007), que lo llamó falta de liquidez y establece que es

a).- La escasez de recurso económico que presentan los propietarios y administradores para conseguir los recursos necesarios que les permita la utilización creciente de sus equipos e instalaciones, recursos técnicos y naturales.

b).- La mayoría de las empresas están carentes de financiamientos y por lo tanto no pueden comprar el equipo necesario, o financiar sus compras de materias primas y los pagos de salarios, razones por las cuales las empresas pequeñas están en desventaja con respecto a las grandes empresas:

1- El costo de manejo de pequeños préstamos los hace poco atractivos por las instituciones financieras.

2- El costo de investigación de la capacidad de crédito de estos negocios es generalmente costoso para el medio financiero.

3- El riesgo de un desfalco tan fácilmente producible en los pequeños negocios.

Esto se debe más que nada al hecho de no contar con planes de negocios estables que garanticen la confiabilidad por parte de las instituciones de crédito hacia el buen funcionamiento de la empresa.

De acuerdo a una encuesta realizada en Estados Unidos se encontró que las principales causas de quiebra en los pequeños negocios fue un 97% de causas administrativas.

Con esto tenemos un antecedente de lo que sucede en un país desarrollado, dando a pensar en lo que podemos esperar para México.

Este factor repercute directamente sobre el financiamiento, ya que los administradores deben tener los conocimientos necesarios para efectuar correctamente las operaciones relacionadas con este aspecto.

Tecnología. - Los problemas técnicos suelen encontrarse desde los proyectos de instalación e inversión, los proyectos de inversión dado lo reducido de los recursos disponibles, se enfrentan al problema de no encontrar una relación entre la capacidad efectiva y la capacidad deseada. Este problema se pone en evidencia cuando se analizan las capacidades de las diversas máquinas y los empresarios se encuentran con que tienen capacidades diferentes y tienen que instalar diversos números de maquinas para obtener un flujo de producción mas o menos uniforme y evitar lo mas que se pueda los cuellos de botella.

La falta de tecnología moderna en las empresas pequeñas se manifiesta en la calidad del producto, los volúmenes reducidos con los que participa en el mercado y en los altos costos que producen, así como en la reducida mano de obra especializada que ocupan. Y como infiere Gómez (2007) el 70% de las pymes no cuentan con base tecnológica instalada, lo que sitúa a este aspecto como una grande limitante en el crecimiento de las pymes.

Localización.- Es un problema que debe revisarse al momento de la creación de la empresa, ya que si se ubica a la empresa en un lugar que no es tan concurrido, no se tendrán los resultados esperados.Empresarios a los que se les ofrecen negocios ya establecidos y de inmediato no puede modificar algunas condiciones.

Además de los mencionados anteriormente se pueden citar aquellos aspectos actuales que no solo afectan a estas empresas, sino también a la población en general

La inseguridad.- Actualmente la inseguridad ha sido un factor que ha afectado a las pymes, ya que la gente sale menos por el temor que se vive en las calles.

Publicidad.- Como se está abordando un tema que incluye empresas que por lo general no están tan asesoradas en su creación y desarrollo, no se toma en cuenta el dar a conocer su apertura y esto favorece el desconocimiento de la población.

Falta de asesoramiento.- Se mencionaba en Red PYMES-Cumex, (2010) que solo el 58% de los propietarios cuentan con una licenciatura, ¿pero que pasa con aquellos propietarios que no tienen estudios de este nivel?

Nos podríamos encontrar con varias situaciones, que con la experiencia y asesoramiento de terceras personas conozcan programas de gobierno que los apoye en la creación y/o crecimiento de su empresa o bien que no tengan al menos el conocimiento de dichos programas

Desaparición de las pymes.- Aunque las diferencias empresariales entre México y otros países pueden ser muy significativas, es importante tomarlas en cuenta para considerar un antecedente de lo que sucede en otros países y las razones, para evitar o en su caso propiciar que suceda en México. Por ejemplo Ventura y González (2007) consideran que una causa de la muerte de las pymes en Argentina es que nacen por necesidad, esto se aplica de forma que las empresas artesanales que en su inicio fueron creadas para satisfacer necesidades de los económicas de los fundadores, al intentar llegar a un mercado mas grande no pueden hacer frente a los costos que surgen.

Así mismo, sugieren los mismos autores, la necesidad de subvencionar en los primeros años de vida y acompañarlos en la gestión de los mismos hasta que el volumen de producción les permita estar en igualdad de condiciones con proyectos estables y permanentes.

Si bien, lo antes mencionado surge de una situación existente en Argentina, se apega mucho a la realidad que vivimos en México.

De acuerdo con Gómez (2007) las Pymes no tienen un alto grado de sobrevivencia ya que el 65% desaparece a los dos años de creadas, y sólo el 25% sobrevive con pocas posibilidades de desarrollo.

Considerando que las Pymes son la principal fuente de empleos en México se hace necesario destacar que de diciembre de 2002 a julio de 2003, se perdieron 27,883 empleos totales (trabajadores eventuales y permanentes) siendo que el 95% de esa cifra corresponde a las Pymes.

4.5.- Metodología.-

La presente investigación se enfocó en un estudió de tipo Descriptivo-Cuantitativo, con un diseño de carácter no experimental de tipo Transversal. Para la recogida de la información se aplicó un instrumento de medición, el cual consistió en una entrevista construida en base a las posibles restricciones de crecimiento encontradas durante la revisión de la literatura. La citada entrevista fue aplicada a una pequeña muestra de Pequeñas y Medianas Empresas (constituida por 54 empresas), ubicadas en la zona centro de Altamira, determinada mediante muestreo no probabilístico, considerando los sectores de industria, comercio y servicios, delimitada dicha muestra por aquellas empresas que cuentan con un número de entre 11 y 100 empleados.

Normalmente nos encontramos con que al ser empresas que surgieron de una manera familiar al crecer se encuentran con factores que ya no pueden enfrentar con la facilidad que lo hacían anteriormente y nos encontramos con diversos limitantes que si bien no la eliminan, restringen su crecimiento.

4.6.- Resultados.-

La aplicación de las encuetas se llevo a cabo gracias a la participación de los dueños y/o encargados de las distintas empresas que se visitaron en la zona centro y periferia de la misma de la Ciudad de Altamira en el estado de Tamaulipas. Los resultados de la mismas se presentan en la tabla que se muestra a continuación:

RESULTADOS GLOBALES DE LA APLICACIÓN DE LA ENCUESTA PARA PYMES.

	< 5 años	De 6 a 10	De 11 a 15	De 15 a 20	> de 20 años	Nunca	A veces (2 a 3 veces)	Casi siempre (3 o más)	Siempre	Bajas ventas	Personal	Competencia	Inseguridad	Créditos	Economía	Desempleo	Capacitación	Totales
1.- Cuanto tiempo tiene de fundada la empresa?	9	18	7	2	18													**54**
2.- Ha tenido necesidad de cerrar temporalmente ?						26	18	10										**54**
3.- Indique los principales problemas que ha enfrentado su empresa?										19	2		8	23			2	**54**
4.- Cuál de las siguientes causas ha provocado un cierre temporal (más de 1 día)?						20				21	7		6					**54**

5.- Su empresa ha enfrentado problemas financieros?

			Total
18	25	11	54

6.- Indique si ha tenido alguno de los siguientes problemas?

					Total
19	9	18	8		54

7.- La tecnología actual ha impactado en su negocio?

			Total
38	12	4	54

8.- Ha utilizado las herramientas de mercadotecnia para mejorar su negocio?

				Total
19	26	8	1	54

9.- De que manera la iseguridad ha afectado su negocio?

				Total
27	8	13	6	54

10.- Considera que el uso de la publicidad para su empresa?

			54
16	27	11	

11.- Cuál de los siguientes factores considera que ha afectado más la economía de su empresa?

				54
23	9	17	5	

12.- A recibido algún apoyo del gobierno para fortalecer su empresa?

			54
17	29	8	

4.7.- CONCLUSIONES.-

En base a los resultados obtenidos se puede afirmar que el principal factor que restringe el crecimiento de las pymes es la inseguridad, la falta de financiamiento y la competencia, que se refleja de la disminución de las ventas, de acuerdo a las cuestiones que se plantearon se obtuvo que existe una relación entre los mencionado factores y la falta de asesoramiento, ya que las empresas que afirmaron haber recibido alguna clase de asesoramiento para el funcionamiento de su empresa no presentan estas limitantes, o aunque las presentan no les afecta de una manera relevante, ni atenta contra la estabilidad de su negocio.

También se determinó que el desconocimiento de los apoyos del gobierno es un factor que adquiere gran importancia para el crecimiento de estas empresas, y es que si se conocieran todos los apoyos a los que pueden acceder se eliminaría la falta de financiamiento e impulsaría el crecimiento de las mismas, y de igual manera podría motivar a que se crearan mas empresas.

Además de lo anterior se puede concluir que aunque los demás factores administrativos, tales como la organización y manejo de personal, de manera individual no afectan gravemente al negocio, al englobarlos en un concepto administrativo si tiene gran influencia en el desarrollo de las pymes.

Por lo anterior es necesario que existan campañas de apoyos hacia este tipo de empresas para mejorar sus áreas de oportunidad y ayudar al crecimiento de la economía del país.

REFERENCIAS BIBLIOGRÁFICAS.-

Código Fiscal de la Federación art 2, 16

Comité fiscal. (2011), Ley del Impuesto Sobre la Renta, México, ed. Fiscales Isef, S.A

Espinosa Mosqueda Rafael. (2013). Manual para la promoción de las PYMES Mexicanas, Cap. 1.2.3. Los problemas más comunes de la pequeña y mediana empresa. Ed. Eumed.net

Gómez, M. (2007). El futuro de las pymes en el marco del T. L. C. Organización Latinoamericana de Administración, México, p. 71-83, Disponible en: http://www.eumed.net/libros/2007b/274/274.zip

Hernández, F. (2007) China oportunidad para la internacionalización de las empresas mexicanas y el desarrollo local al 2010.Universidad Autónoma de Tamaulipas. México, p. 488-500, disponible en: http://www.eumed.net/libros/2008a/356/indice.htm

Jiménez, L., Garza, Ma. A., Bocanegra, Ma. A. La aplicación de un modelo de cooperación empresarial, Estrategia competitiva en la globalización. Caso: "pymes en el sur de Tamaulipas" (problemática en la aplicación de los modelos de Asociación). Universidad Autónoma de Tamaulipas, México, p.48-71, disponible en http://www.eumed.net/libros/2008a/356/indice.htm

Latapí, M. Introducción al estudio de las contribuciones. México 1999, McGraw-Hill. p 72

Mercado, S. (2008). Administración de pequeñas y medianas empresas. Estrategias de crecimiento (2ª. ed.). México: Pacj. p 7-8, 307-315.

Red PYMES-Cumex, (2010). Un estudio comparativo del perfil financiero y administrativo de las pequeñas empresas en México: entidades del Estado de México, Hidalgo, Puebla, Sonora y Tamaulipas. Resultados finales. Revista del Centro de Investigación. Universidad La Salle, Enero-Junio, 5-30. Disponible en: http://redalyc.uaemex.mx/src/inicio/ArtPdfRed.jsp?iCve=34213111001

Ventura, S., González, A., (2007). La mortandad de las pequeñas y medianas empresas, Organización Latinoamericana de Administración. Argentina, p. 26-37, Disponible en: http://www.eumed.net/libros/2007b/274/274.zip

Capítulo No. 5.-

Social media marketing como factor de competitividad en empresas MyPes del sur de Tamaulipas

La situación económica prevaleciente a nivel mundial y la acelerada evolución de la tecnología, principalmente computacional así como del internet, ha provocado que las empresas de todos los tamaños, busquen aprovechar las oportunidades y hacerse más competitivas. En México, el sector de las Micro y Pequeñas empresas (MyPes), por naturaleza es un segmento débil y altamente vulnerable a estos cambios. Sin embargo, surgen herramientas tecnológicas que sin ser altamente costosas permites a las MyPes estáR al alcance de un mercado más amplio de consumidores, tal es el caso de la publicidad a través de las Redes Sociales o Social Media Marketing, que en Estados Unidos es altamente utilizada por las empresas y en México sólo las grandes empresas la están aprovechando. La implementación de esta herramienta según la investigación es altamente posible en las Mypes del sur de Tamaulipas.

5.1.- Antecedentes.-

La constante evolución de la Tecnología, ha propiciado que las empresas volteen la vista hacia estas nuevas condiciones que el mercado implanta. La manera de pensar de los nuevos administradores ha evolucionado con ésta y ha hecho que los negocios se realicen ahora en diferentes plataformas, principalmente en la virtual, las empresas que no se acoplen a estas nuevas condiciones, están expuestas a vivir en la obsolescencia mientras los competidores se lo permitan. Las nuevas tecnologías han cambiado la forma de pensar de las empresas y también cómo se relacionan con sus clientes. En los últimos años redes sociales como Facebook y Twitter así como el internet en si están ofreciendo a las empresas un acceso directo a sus clientes.

El internet se ha convertido en un lenguaje universal, nos facilita aspectos de la vida cotidiana, la magnitud del impacto de las redes sociales en las personas es muy grande es por eso que las empresas ya sean grandes o pequeñas deben de hacer uso de este recurso para la promoción de sus servicios y productos o simplemente utilizarla como medio informativo para el consumidor, es decir, informar al cliente de lo que es la empresa, que es lo que hace y de esta manera promocionarse y crear una imagen al consumidor.

"La efectividad de las Redes Sociales como canal para conectar con el público ha llevado al 20% de las empresas a sustituir otros canales como el e-mail por las redes sociales como medio principal para fomentar las relaciones o desarrollar estrategias para captar nuevos clientes potenciales. Desde el 2006 sólo en Estados Unidos el uso de las redes sociales ha aumentado un 365%, por lo tanto el 83% de las empresas ya apuesta por los medios para mejorar la notoriedad de su marca, mientras que el 69% los utiliza para aumentar el tráfico en la red o para conocer mejor a su público y el 65% lo usa para detectar tendencias." (http://www.puromarketing.com/42/22474/empresas-han-comenzado-tomarse-muy-serio-redes-sociales-html)

"Una marca se construye a partir de las interacciones positivas (más allá del mero

proceso de compra-venta) que tiene con sus clientes y la comunidad sea online u offline. Estas interacciones tienen un efecto cumulativo que genera..." (Del Santo, Oscar. 2012:27)

El social media marketing en Internet ofrece a los consumidores una voz. El contenido no es suficiente, las empresas deben saber cómo trabajar. La mayoría saturan de información al consumidor, no aportan ideas creativas ni dedican el tiempo para atender las necesidades del mismo, *"Las empresas que entienden el Social Media son las que dicen con su mensaje: te veo, te escucho y me importas"* (Trey Pennington, 2008, citado por Nexusevolution, (2012)

5.2.- Objetivos.-

Al momento de empezar a formular un plan publicitario o de implementar publicidad por medio de las redes sociales las empresas se encuentran con la incógnita de, ¿Qué impacto tendrá mi plan publicitario?, ¿Tendrá los resultados que yo espero? o simplemente saber si ¿El consumidor interpretara mi mensaje de manera positiva?, son riesgos que se corren al desarrollar un plan publicitario, nadie nos puede asegurar que siguiendo un manual o ciertos pasos la campaña tendrá éxito, pero si se puede reducir la incertidumbre identificando que contenido es el que prefiere la mayoría de los consumidores que visitan la red social de la empresa.

Por lo tanto se hace necesario investigar los pasos que se deben de seguir para poder hacer publicidad dentro de Las Redes Sociales, así mismo identificar el tipo de contenido que los consumidores prefieren y de qué manera se puede evaluar la efectividad de la publicidad empleada.

a).- Objetivo general:

Evaluar el nivel de utilización de las Redes Sociales como medio de promoción en las empresas MyPes del sur de Tamaulipas, afiliadas a la Cámara Nacional de Comercio, Servicios y Turismo de Tampico (CANACO) y su posible implementación.

b).- Objetivos específicos:

a).- Identificar las herramientas computacionales con que cuentan las empresas.
b).- Medir el grado de uso de las Redes Sociales para beneficio de la empresa.
c).- Evaluar el impacto del uso de las Redes Sociales en los consumidores.

5.3.- Justificación / delimitación.-

La razón de ser de cualquier empresa son los consumidores, sin éstos la organización está destinada al fracaso, por lo tanto utilizar las herramientas disponibles y al alcance de los empresarios, permitirá que sus empresas estén presentes en la mente del consumidor, que, sin garantizar que éstos consuman sus productos por lo menos se hace presente en dicho segmento de mercado y se convierte en una opción para los clientes.

Las empresas del giro que sea, que se mantengan al margen de la evolución tecnológica y del uso de las Redes Sociales, tarde o temprano quedará fuera del mercado.

La investigación se realiza a Microempresas y Pequeñas Empresas del área de Tampico, Tamaulipas, durante el primer semestre del 2014 y se tomara como base el directorio de empresas que están afiliadas a la CANACO Tampico.

5.4.- CONTEXTUALIZACIÓN.-

Los seres humanos constantemente estamos realizando actividades de mercadotecnia, cuando presentamos una tarea, cuando acudimos a una entrevista de trabajo o bien cuando queremos quedar bien con otra persona, en todos los casos indagamos requisitos y tratamos de cumplirlos, según diversos autores:

La mercadotecnia es un proceso social y administrativo mediante el cual grupos e individuos obtienen lo que necesitan y desean a través de generar, ofrecer e intercambiar productos de valor con sus semejantes" (Kotler, 2006). La mercadotecnia es un sistema total de actividades de negocios ideado para planear productos satisfactorios de necesidades, asignarles precios, promover y distribuirlos a los mercados meta, a fin de lograr los objetivos de la organización" (Stanton, Etzel y Walker, 2006).

El término mercadotecnia significa "guerra". Ambos consultores, consideran que una empresa debe orientarse al competidor; es decir, dedicar mucho más tiempo al análisis de cada "participante" en el mercado, exponiendo una lista de debilidades y fuerzas competitivas, así como un plan de acción para explotarlas y defenderse de ellas. Al Ries y Jack Trout, (2006).

5.4.1.- El Social Media Marketing.-

según Oscar del Santo en su libro Marketing de Atracción 2.0 (2012) el marketing en las redes sociales, es de hecho la respuesta del marketing al cambio de comportamiento de los usuarios en la red que se ha producido en los últimos años. Los usuarios son ahora los primeros productores de contenido por delante de los editores profesionales.

El Social Media Marketing combina los objetivos de marketing en Internet con medios sociales como blogs, redes sociales, y muchos otros. Los objetivos del marketing de medios sociales serán diferentes para cada empresa y organización, para crear una idea, posicionar una marca, incrementar la visibilidad e incluso vender un producto.

El marketing en medios sociales también incluye gestión de la reputación, las acciones de Influencia Positiva y siempre teniendo en cuenta que se basa en un diálogo entre la empresa y los usuarios, sean estos clientes o no.

La Importancia del Social Media Marketing, para cualquier empresa o marca que desee ser competitiva a nivel digital le es imperativo desarrollar un proceso de Social Media a través del cual los grupos o individuos de intereses comunes a esta, logren satisfacer sus necesidades respecto a la marca al crear e intercambiar opiniones, perspectivas y sensaciones con la empresa de un modo colaborativo usando las herramientas tecnológicas de la red social. Las redes sociales proveen una relación personal con el consumidor, le permiten a la empresa interactuar con él, conocer sus necesidades y opiniones y, proveer de herramientas a las empresas para que se pueda desarrollar esta relación.

El cliente es lo mas importante en una organización y es por esto que siempre se debe buscar modos para poder tener esa relación con el, después de todo éste con su preferencia, es el que mantiene a la empresa.

5.4.2.- Las Redes Sociales.-

Una red social se puede definir como una estructura social compuesta por un determinado grupo de personas las cuales pueden compartir uno o más tipos de relaciones, ya sean amistad, parentesco, negocios, intereses en común, etc. La noción de red social, por lo tanto, está vinculada a la estructura donde un grupo de personas mantienen algún tipo de vínculo.

El concepto, se ha actualizado en los últimos años para señalar a un sitio de Internet que favorece la creación de comunidades virtuales. Estos sitios web son servicios que permiten desarrollar redes según los intereses de los usuarios, compartiendo fotografías, videos e información en general.

La red social más popular de la actualidad es Facebook, la cual alcanzó la cifra de 750 millones de usuarios, según datos filtrados en internet publicados por la página Web CNET (CNET, 2011, datos publicados en El Excélsior Edición Virtual, 2011). Es posible encontrar redes sociales en Internet que se especializan en ciertos sectores o que apuntan a captar a un grupo específico de usuarios, como Twitter que su objetivo es que los usuarios provean de contenido intelectual o de provecho para los demás usuarios.

Mark Elliot Zuckerberg, empresario y programador informático estadounidense, creador y presidente de la comunidad virtual Facebook, comenzó a desarrollar esta red en la Universidad de Harvard. Todo nació de la necesidad de los estudiantes de estar en contacto unos con otros, intercambiar notas y organizar todo tipo de reuniones estudiantiles. La red fue lanzada en febrero del 2004, en un inicio solo estaba disponible para alumnos de la universidad de Harvard pero fue creciendo y llegando a mas universidades como se explica en la película "Social Network" una reseña de cómo fue creado Facebook.

La plataforma de Facebook como la mayoría de las redes sociales permite compartir con amigos, familiares o conocidos fotos, videos, frases y demás. Pero también se pueden publicar datos como fecha de nacimiento, lugar de residencia, estado civil, creencias religiosas o políticas, carrera profesional, aficiones, etc.

A través de Facebook, se puede publicar un vídeo o una noticia interesante o divertida (con los marcadores sociales dispuestos a tal fin en distintas plataformas (como You Tube), periódicos digitales nacionales, etc.) o también charlar con tus amigos a través del muro (una nota escrita y visible para toda la <u>red</u> de amigos de cada persona). Estas acciones son visibles para todos tus amigos.

Twitter es una aplicación en la web que permite a sus <u>usuarios</u> escribir pequeños textos (de hasta 140 caracteres) que pueden ser leídos por cualquiera que tenga acceso a su página. Juan Diego Polo explica que Twitter te permite comentar sobre diferentes temas, hacer publicaciones enlazando una página o articulo de interés, comunicarte con personas a las que sigues o que te siguen, enviar mensajes.

Los usuarios pueden decidir a quién "seguir" y de esta manera estar recibiendo los textos que escriben sin tener que acceder a la página de cada uno de ellos. Cada usuario puede, así, tener una lista de "seguidos" (following) y de "seguidores" (followers). Los "seguidores" leerán los textos publicados por el "seguido" en sus páginas personales.

La mayoría de las veces nos encontraremos con personas compartiendo mensajes con sus amigos al mismo tiempo que leen noticias divulgadas por conocidos canales de información o textos escritos por famosos de diversas áreas. Otras veces veremos usuarios con miles de seguidores divulgando textos, enlaces, <u>fotos</u> y vídeos sobre los más variados temas, o empresas publicando cambios en su administración o novedades en sus servicios. (Puro Marketing, "Herramientas de Twitter para aprovechar estrategias de Marketing", 2011)

5.5.- METODOLOGÍA.-

Esta investigación es de enfoque cuantitativo ya que con base en un análisis numérico sustentado en encuestas se busca evaluar el nivel de uso de las redes sociales por parte de las empresas MyPes del sur de Tamaulipas.

De acuerdo con el tipo de investigación, el enfoque del estudio es cualitativo. La característica fundamental de la investigación cualitativa es ver los acontecimientos, acciones, normas, valores, etc., desde la perspectiva de la gente que está siendo estudiada. Sustentada en las tendencias subjetivistas, las que pretenden una comprensión del fenómeno social, concediendo a lo subjetivo la principal fuente de los datos; antes que generar leyes universales, buscan la descripción y comprensión de escenario particulares (Carnero, O., 2000).

En esta investigación se busca cuantificar el nivel de uso de las redes sociales por parte de las empresas investigadas, mediante la observación y encuestas realizadas tanto en los negocios como con clientes potenciales, para obtener la información requerida.

Así como también identificar las herramientas computacionales con que cuentan y de esta manera poder realizar alguna propuesta que les permita sacar provecho de las mismas, así como la forma en que puede subir publicidad a estas plataformas como: promociones, eventos, etc. con el fin de atraer clientes a su empresa.

Población y Muestra

El total de observaciones en las cuales se está interesado, sea su número finito o infinito, constituye lo que se llama una población," (Walpole y Myers, 1996, p. 203). La muestra es una pequeña parte de la población estudiada. La muestra debe caracterizarse por ser representativa de la población.

El análisis de una muestra permite inferir conclusiones susceptibles de generalización a la población de estudio con cierto grado de certeza (Holguín y Hayashi, 1993).

"Una muestra es representativa cuando reproduce
las distribuciones y los valores de las diferentes

características de la población..., con márgenes de error calculables" (Briones, 1995, pág. 83).

Los anteriores conceptos reflejan que al analizar una muestra se está aplicando la inferencia estadística con el propósito de "... conocer clases numerosas de objetos, personas o eventos a partir de otras relativamente pequeñas, compuestas por los mismos elementos," (Glass y Stanley, 1994, p. 241). En términos generales la información que arroja el análisis de una muestra es más exacta incluso que la que pudiera arrojar el estudio de la población completa.

La población que se considero para este trabajo de investigación fueron las MyPes del sur de Tamaulipas que están afiliadas a la CANACO Tampico y la recolección de datos se hizo con base al directorio de empresas afiliadas a dicha cámara.

Determinación de la muestra:

Según Naresh Malhotra (2004), las muestras correspondientes a las unidades de análisis estarán dadas por la fórmula del muestreo aleatorio simple sin remplazo de población finita:

$$n = \frac{n'}{(1 + n')/N}$$

Con la anterior formula y tomando como margen de error el 1% definimos la siguiente

Población: 4258 empresas afiliadas a CANACO Tampico
Tamaño de la muestra: 94 empresas.

La obtención de datos se realizó utilizando el muestreo por conveniencia, debido a las condiciones de inseguridad prevalecientes en la zona y a la aceptación de los empresarios a participar de la investigación. El total de empresas finalmente encuestadas fue de 70 empresas.

Instrumento de recolección de datos

Un instrumento de recolección de datos es, en principio, cualquier recurso de que se vale el investigador para acercarse a los fenómenos y extraer de ellos información (Tamayo, Cesar, 1995).

Para esta investigación se diseño y aplico un instrumento "A" para las empresas cuyo objetivo es identificar en primer instancia las herramientas computacionales con que cuentan y en segundo momento, el grado de utilización para/con las redes sociales.

Se diseño y aplico el instrumento "B" destinado a los consumidores que se encuentra en el anexo 2 con el objetivo de identificar los requerimientos de los clientes potenciales de una red social de las empresas y sirvan de base a las empresas.

5.6.- ANÁLISIS DE RESULTADOS.- (INSTRUMENTO "A")

La finalidad de este instrumento aplicada a las empresas, es identificar las herramientas computacionales con que se encuentran trabajando, las estrategias promocionales que actualmente utilizan y evaluar la posibilidad de que puedan implementar el uso de las redes sociales como parte de su promoción. La cantidad real de encuestas aplicadas a las empresas fue de 65 empresas.

Gráfica No. 1.- Cuáles son los equipos de cómputo con los que cuenta en su negocio.

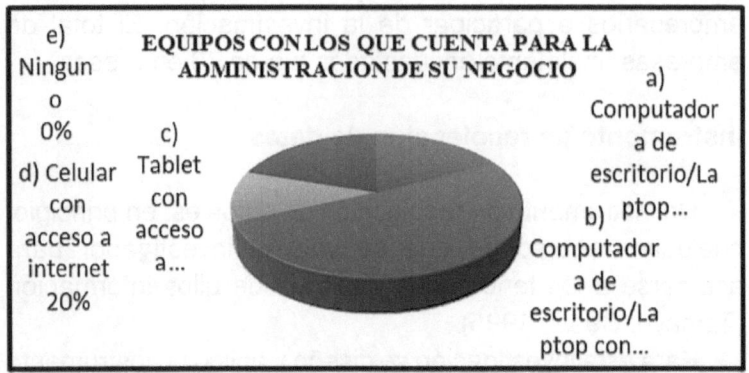

Fuente: Elaboración Propia.

El 52% de las empresas respondieron que para la administración de su empresa utilizaban una computadora de escritorio o laptop con acceso a internet. El 20% respondió que utiliza un celular con acceso a internet. El 11% utiliza una Tablet con acceso a internet. Y el 17% restante utiliza una computadora o laptop sin acceso a internet para la administración de su empresa.

Gráfica No. 2.- Conoce los beneficios del uso de Internet?

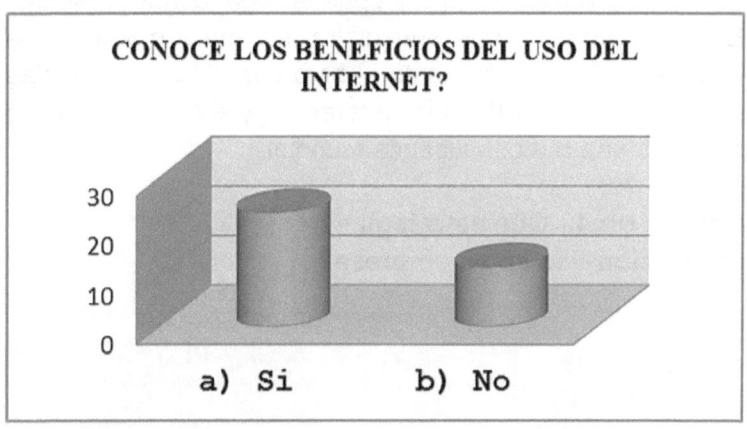

Fuente: Elaboración Propia.

El 66% de los encuestados respondieron que si conocían los beneficios de el uso del internet y el 44% dice no conocer los beneficios del internet.

Gráfica No.3.- Que beneficios conoce del uso de Internet?

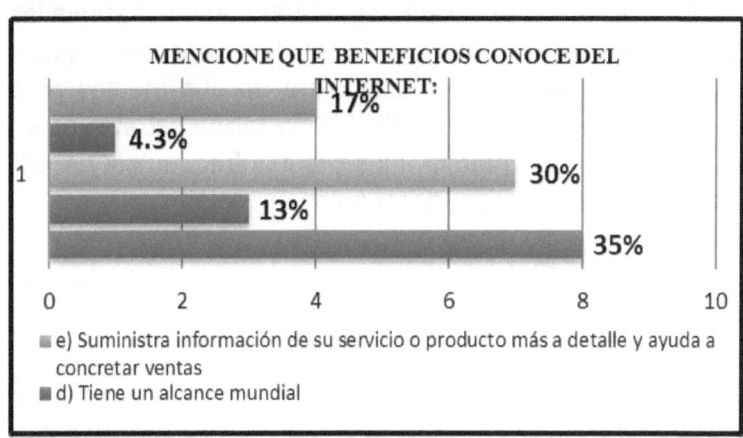

Fuente: Elaboración Propia.

El 35% de los encuestados respondieron que es una red en constante crecimiento, y el 30% se refirió al alcance que tiene la red puesto que se puede llegar a más personas. El 17% mencionó que suministra información y ayuda a concretar ventas, en cuanto al bajo costo de la publicidad por internet sólo el 13% hizo referencia, y el 4.3 % respondió a que es una red con alcance mundial.

Gráfica No.4.- Que estrategias de promoción usa en su empresa?

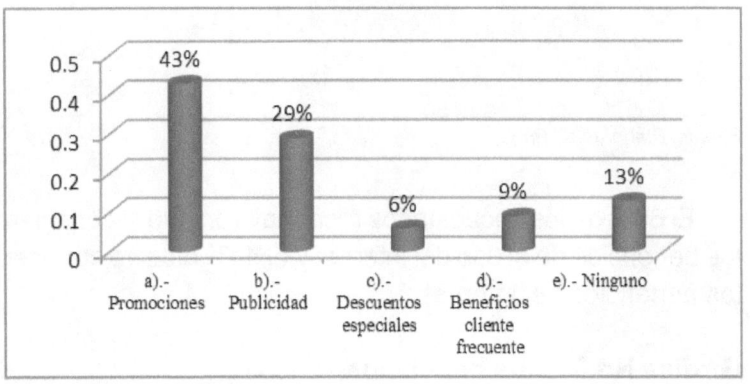

Fuente: Elaboración Propia.

El 43% de los encuestados utilizan como estrategia las promociones en su empresa. El 29% de las empresas hacen uso de la publicidad por cualquiera de sus medios para dar a conocer su negocio. El 13% no utiliza estrategias en su negocio, el 9% premia a los clientes frecuentes y el 6% restante prefiere utilizar descuentos especiales.

Gráfica No.5.- Considera importante realizar estrategias de publicidad para su negocio?

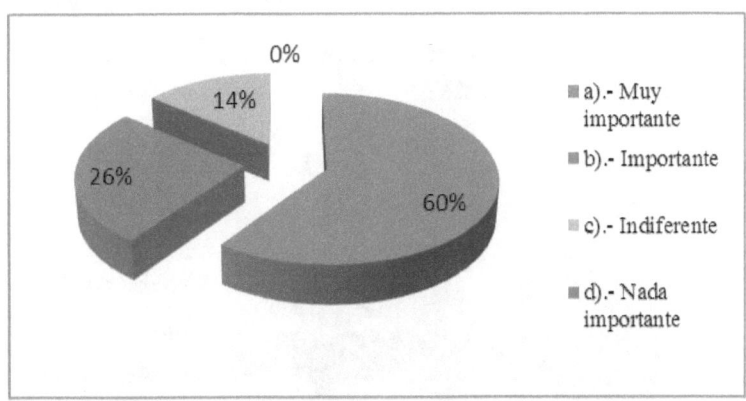

Fuente: Elaboración propia.

El 60% de las empresas consideran muy importante realizar publicidad para su negocio, el 26% de las empresas lo consideran simplemente importante y al 14% le es indiferente la publicidad.

Gráfica No.6.- Conoce lo que es una Red Social?

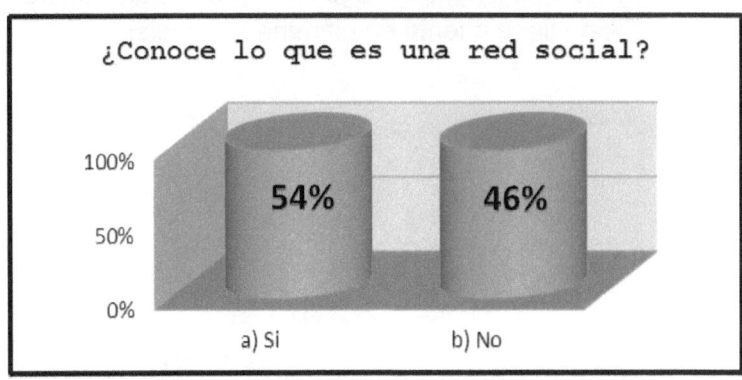

Fuente: Elaboración propia.

El 54% de las empresas indican tener conocimiento de lo que es una red social mientras el 46% restante desconocen lo que es una red social.

Gráfica No. 7.- En que red social tiene usted una cuenta?

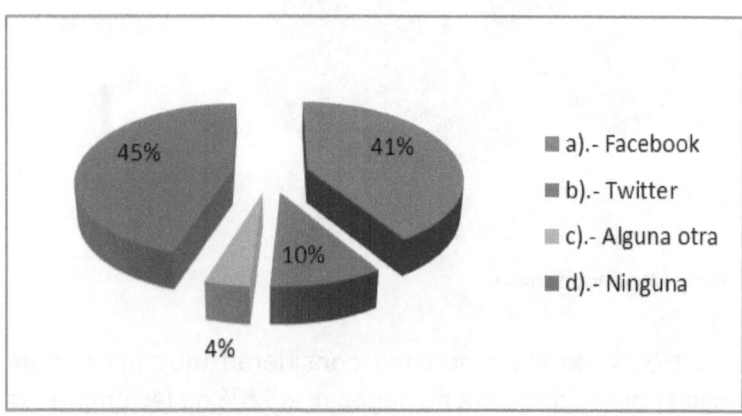

Fuente: Elaboración propia.

El 41% de los empresarios encuestados indican tener una cuenta en Facebook, El 10% menciona tenerla en Twitter, un 4% dice tenerla en algún otra red social, mientras que el 45% no tiene cuenta en ninguna red social.

Gráfica No. 8.- Estaría dispuesto a aprender como realizar publicidad para su empresa en las redes sociales.

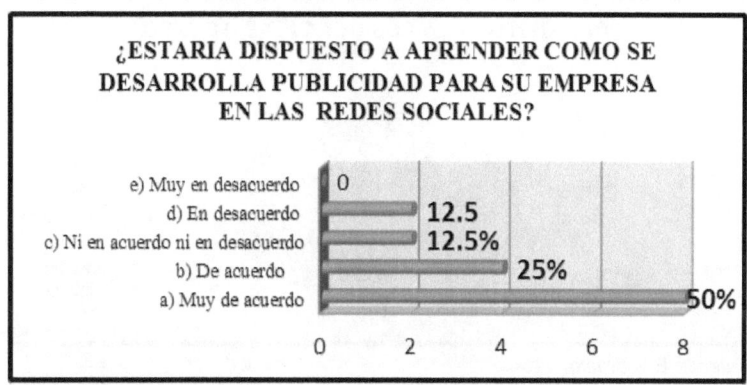

¿ESTARIA DISPUESTO A APRENDER COMO SE DESARROLLA PUBLICIDAD PARA SU EMPRESA EN LAS REDES SOCIALES?

Fuente: Elaboración propia.

Esta pregunta es de suma importancia ya que muestra el interés de los empresarios por utilizar las redes sociales en beneficio de su empresa. El 75% de los empresarios está de acuerdo o muy de acuerdo en aprender a usar las redes sociales, mientras que el 25% restante le es indiferente o no tiene interés en aprender.

RESULTADOS DEL INSTRUMENTO "B"

La finalidad de este instrumento es indagar entre los consumidores potenciales, las expectativas que hay respecto a la posible utilización de las redes sociales como medio de publicidad. Se entrevistaron 90 consumidores y los resultados son los siguientes.

Gráfica No. 9.- Enumere los dispositivos a los que tiene acceso regularmente.

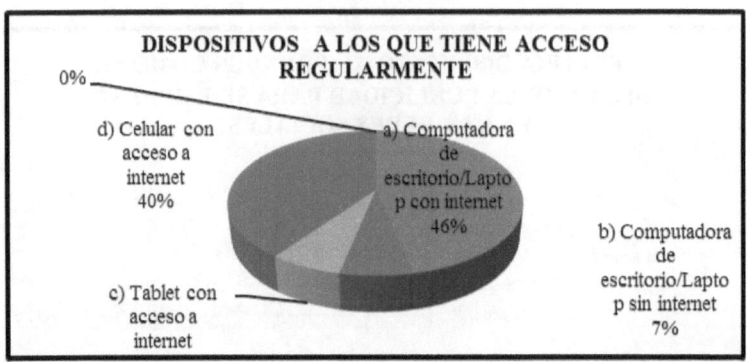

Fuente: Elaboración propia.

Se puede apreciar que el 46% de los consumidores encuestados tiene acceso a una computadora o laptop con internet. Además el 40% mencionan tener un celular con acceso a internet. El 7% tiene una Tablet con acceso a internet y el otro 7% restante acceden a una computadora o laptop sin internet. Lo que representa finalmente un 93 % de los consumidores con acceso a Internet.

Gráfica No.10.- En que Red Social tiene usted una cuenta?

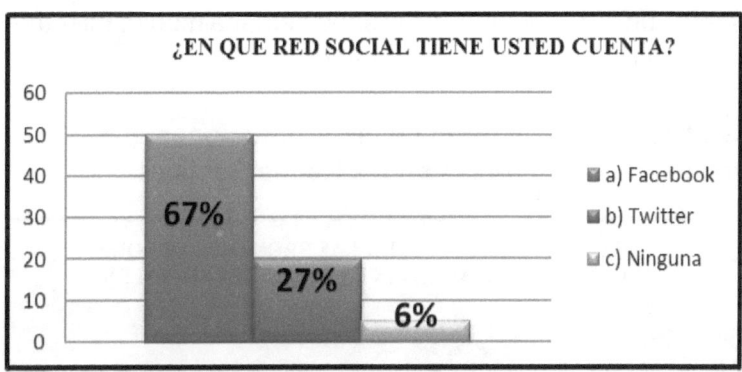

Fuente: Elaboración propia.

Del total de entrevistados el 67% mencionan tener una cuenta en Facebook. El 27% tienen una cuenta en Twitter y sólo el 6% indica no tener cuenta en alguna red social. Esto significa que al menos consumidores potenciales en redes sociales existe un número significativo.

Gráfica No. 11.- Frecuencia de uso de las Redes Sociales por los consumidores potenciales.

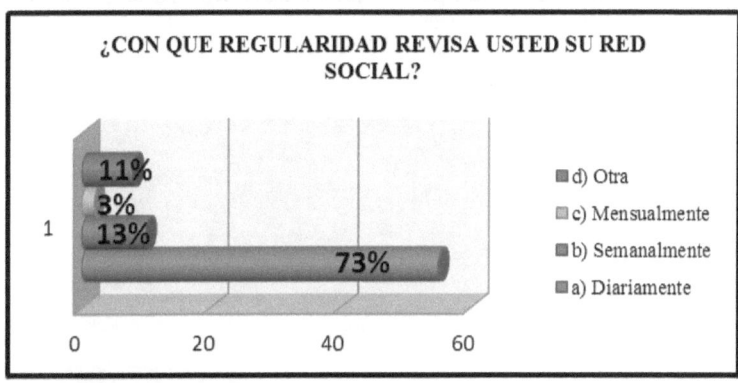

Fuente: Elaboración Propia.

En esta gráfica se puede apreciar que la frecuencia con que los consumidores utilizan las redes sociales es bastante elevada, 73% contestaron que revisan diariamente su red social, un 13% dijo que la revisaba semanalmente, mientras que el 11% lo hacía mensualmente.

Gráfica No.12.- Opinión de las promociones que manejan las empresas en las Redes Sociales.

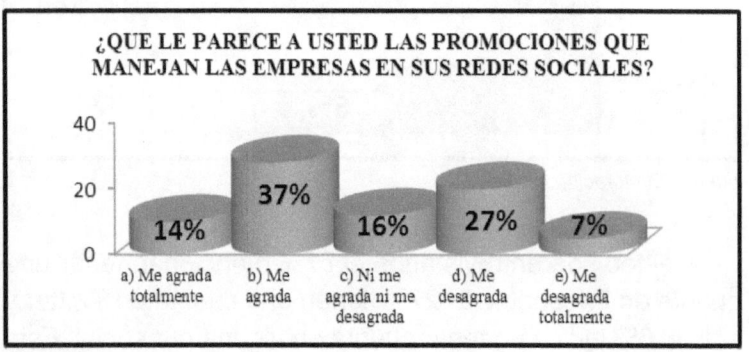

Fuente: Elaboración Propia.

Se puede apreciar que a un 51% de los encuestados les agrada parcial o totalmente las promociones que manejan. A un 16% le es indiferente y al restante 34% le desagrada parcial o totalmente las promociones en las redes sociales.

Gráfica No.13.- Que opina de la publicidad en las Redes Sociales?

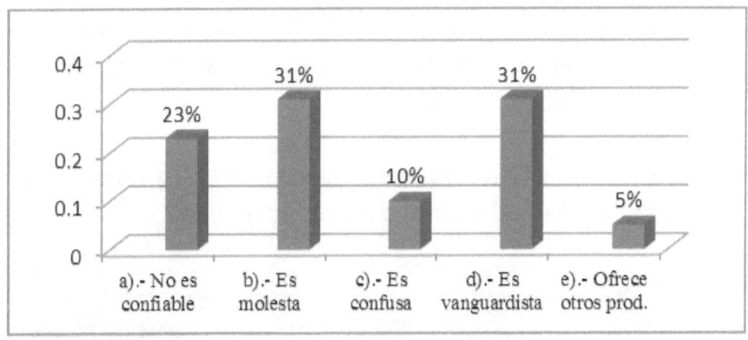

Fuente: Elaboración Propia.

Podemos apreciar que un 64% opina o que no es confiable, es confusa o incluso molesta la publicidad a través de las redes sociales, lo que implica un área de oportunidad si se pretende utilizar esta estrategia. El restante 36% opina favorablemente de dicha publicidad, misma que se puede fortalecer.

Gráfica No. 14.- Que busca el consumidor en una publicidad a través de las Redes Sociales?

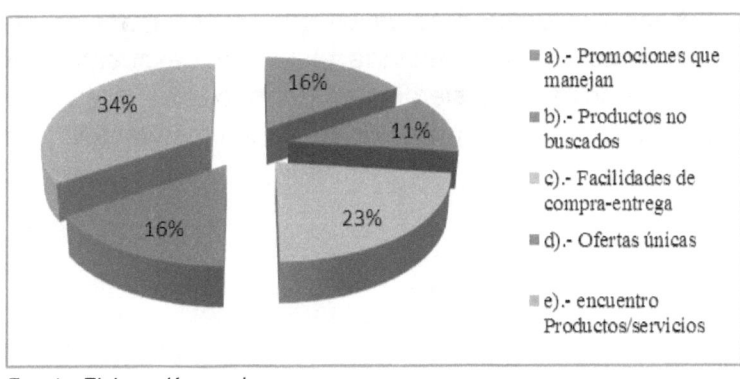

Fuente: Elaboración propia.

Principalmente los consumidores utilizan la publicidad en redes sociales para buscar productos o servicios que necesitan (el 34%), en segunda instancia aprovechan los envíos y las facilidades de compra (23%) además de las promociones y ofertas que manejan en estos medios publicitarios (16% más 16%).

Gráfica No. 15.- Que clase de contenido le gustaría encontrar en la red social de una empresa?

Fuente: Elaboración propia.

Las preferencias en cuanto a contenido son muy diversas, el 38% de los encuestados dijeron que les gustaría encontrar en la red social de una empresa información sobre los productos o servicios que ahí se manejen, el 33% contesto que le gustaría encontrar descuentos, el 16% dijeron que quisieran ver Promociones y el 13% contestaron que les gustaría saber sobre eventos que organice la empresa.

Gráfica No.16.- Con que regularidad le gustaría que las empresas subieran información a sus redes sociales?

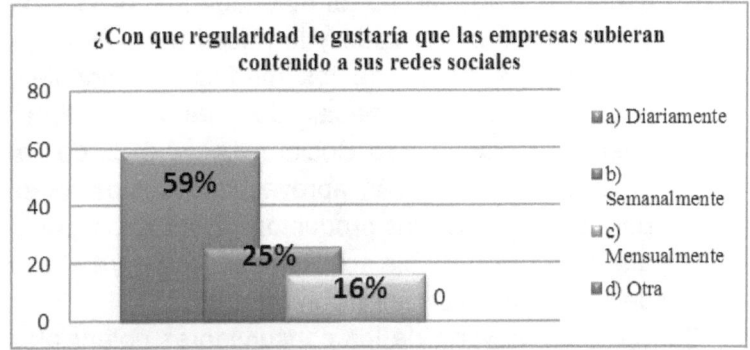

Fuente: Elaboración propia.

Como era de esperarse, la mayoría (59%) dijeron que les gustaría que las empresas subieran publicaciones a su red diariamente mientas que el 25% preferiría que fuera semanal y el 16% restante respondió que fuera mensual.

5.7.- CONCLUSIONES

Después de analizar los resultados obtenidos en los dos instrumentos aplicados tanto a los empresarios como a los consumidores potenciales, tenemos las siguientes conclusiones:

1a.- De acuerdo con la encuesta aplicada (Instrumento A), las empresas Mypes del sur de Tamaulipas cuentan en su gran mayoría con el equipo computacional e Internet para el trabajo diario de la organización, además de que dicen conocer los beneficios del uso de estas herramientas, por lo que su posible utilización para con las Redes Sociales, tiene alta probabilidad de éxito.

2a.- Los empresarios reconocen la necesidad de estar constantemente ofreciendo sus productos y/o servicios al mercado y lo hacen a través de la publicidad a través de los medios tradicionales, sin embargo y a pesar de mencionar tener cuenta en alguna Red Social más del 50% de los encuestados, no están aprovechando estas redes para promocionar sus productos y/o servicios, por lo que es recomendable soliciten asesoría para el uso de las mismas con fines comerciales.

3a.- La gran mayoría de los consumidores potenciales entrevistados indican tener uno o más de un dispositivo electrónico con acceso a internet, así como tener cuenta en alguna de las principales Redes Sociales en la actualidad (Facebook y Twitter) y estar constantemente conectados a éstas, lo que nos dice que son consumidores disponibles para las empresas. Sin embargo, externan que en muchos de los casos la publicidad que les llega a través de las Redes Sociales es molesta e inoportuna y en algunas ocasiones, las promociones no son reales y les crea un descontento. Estos son puntos que se deben tomar en cuenta si se desea utilizar las redes sociales como medio de comercialización.

RECOMENDACIÓN.-

En definitiva, la tecnología ha evolucionado tanto que las nuevas generaciones de usuarios de las Redes Sociales, son consumidores más exigentes y que requieren otro tipo de publicidad a través de estos medios electrónicos, si es que se desea tener éxito, por lo que es recomendable que las empresas den este salto tecnológico y se pongan a la par de las nuevas necesidades del mercado, de lo contrario, su estancamiento y desaparición están garantizados.

REFERENCIAS BIBLIOGRÁFICAS.-

- Al Ries., Trout, J. (2006). La guerra de la mercadotecnia. p. 4,5.
- Kotler, P. (2006). Dirección de Mercadotecnia (Octava Edición), p. 7.
- Del Santo, Oscar; Álvarez, Daniel (2012). Reputación Online para todos, p.32.
- Del Santo, Oscar; Álvarez, Daniel (2012). Reputación Online para todos, p.34.
- Del Santo, Oscar; Álvarez, Daniel (2012), Marketing de atracción 2.0, p.9.
- Nexusevolution.com(2012), Consultoría para el desarrollo de paginas Web, (http//www.nexusevolution.com)
- El Excélsior (2011), Cuantos usuarios tiene Facebook actualmente, Versión Electrónica, Consultado el 22 de Abril del 2012 (http//www.elexcelsior.com.mx)
- Polo, Juan Diego (2009). "¿Qué es Twitter?", wwwhatsnew consultado el 21 de Marzo del 2012 (http//wwwhatssnew.com)
- Goga, Arturo (2011). Google + la red social de Google ¿Qué es? ¿Cómo funciona? Consultado el 22 de Marzo del 2012. (http//www.arturogoga.com)
- Sanagustín, Eva (2011). "Twitter principales herramientas" Marketing 2.0 En una Semana. Editorial Gestion 2000.
- Stanton, Etzel, Walker. (2006). Fundamentos de marketing (13a Edición). p. 7.
- Robles, J.L. (2011). Facultad de Ciencias de la Universidad Nacional Autónoma de México (UNAM). Consultado el día 1 de Mayo de 2012. (http://www.grupoplatazacatecas.com)
- Puro Marketing (2011). Herramientas de Twitter para aprovechar estrategias de marketing consultado el 1 de Mayo del 2012. (http//www.puromarketing.com)
- Van Der, Cristian (2011), Articulo "¿Qué es la Web 2.0?" consultado el 1 de Mayo del 2012 (http//www.maestrosdelaweb.com)
- Di Bari, Vito, (2012), Articulo "10 principales características de la Web 2.0" consultado el 2 de Mayo del 2012 (http//www.vitodibari.com)
- BE SOCIAL (2013) pagina web: http://besocialtheblog.wordpress.com/2013/10/23/definiedo-los-objetivos-del-plan-de-social-media/

Capítulo No. 6.-

Mercadotecnia ambiental en el sur de Tamaulipas

Día a día las empresas están más conscientes de cuidar el medio ambiente, y los consumidores son una pieza fundamental para que haya cada vez más productos ecológicos en el mercado.

El fin del presente estudio es determinar los factores que intervienen en el proceso de compra de productos ecológicos, para así desarrollar estrategias que le permitan al consumidor satisfacer sus necesidades sin tener que recurrir a productos que sean contaminantes, cambiando su conducta a adquirir productos que sean respetuosos con el medio ambiente, logrando que la empresas consigan beneficios, el consumidor este satisfecho y se reduzca el impacto negativo al medio ambiente.

En la actualidad, la situación ecológica del planeta es uno de los principales problemas al que se enfrenta la humanidad, ya que con el paso del tiempo continúa creciendo y haciéndose cada vez más compleja. El debate ambiental ha evolucionado desde los años setenta, cuando se organizó el primer "Día de la Tierra".

El desmedido e irracional aprovechamiento del espacio y el alto consumo de los recursos naturales está conduciendo a su agotamiento, a la degradación del medio ambiente en general y a una alta generación de contaminantes, por ello existe una crisis ecológica y por consecuencia, cuando se trata de buscar a un responsable la atención se centra en las empresas y estas tienen que buscar nuevas alternativas para satisfacer a un consumidor preocupado y de la misma manera proteger el entorno natural.

A los parámetros clásicos como la calidad, el precio, la disponibilidad, el servicio y el diseño, se suma el medio ambiente como un factor importante al momento de comprar un producto.

A consecuencia de todo esto es como emerge el marketing ecológico el cual nos hace ver que es posible conseguir al mismo tiempo la satisfacción de las necesidades de los consumidores, la maximización de los beneficios de la empresa y la minimización de los impactos negativos sobre el medio ambiente de la actividad de intercambio.

En la actualidad existen empresas que se han hecho cargo del problema, pero también es importante concientizar a la gente de cambiar algunos hábitos en su casa, en el coche, en la oficina, pero lo más importante es utilizar productos planeados para que sean amables con el medio ambiente, pues la forma de vida de una parte de la humanidad podría traer consigo un panorama devastador para futuras generaciones.

En lo que respecta a las ciudades de Tampico y Cd. Madero, de acuerdo con la página del gobierno del estado de Tamaulipas, (http://tamaulipas.gob.mx) entre los principales problemas ambientales de la zona conurbada de Tampico y Cd. Madero están:

• Poco conocimiento sobre la disponibilidad de recursos hidráulicos (agua potable) para soportar el nivel de crecimiento y necesidades actuales de la zona conurbada.
• Contaminación atmosférica y del suelo.

Todos estos problemas ecológicos son problemas que se originan por la conducta humana.

El diario Milenio publicó el 30 de julio del 2009 una nota acerca de la contaminación ocasionada por las bolsas de plástico: Al mes tan sólo en Tampico se utilizan 2.5 millones de bolsas de plástico, de las cuales 125 mil se tiran en calles, parques, lagunas, canales o alcantarillas.

Las bolsas tardan hasta 300 años en degradarse y pueden contener residuos metálicos peligrosos, es por ello que a partir de hoy, la Dirección de Ecología del municipio de Tampico emprendió una campaña para limitar el uso de bolsas de plástico e hicieron algunas recomendaciones a la ciudadanía.

Con carteles reciclables colocados en las paradas de autobuses, piden a la gente que en lugar de usar bolsas para envolver los cestos de basura utilicen papel periódico. Además recomiendan usar bolsas de mandado en vez de bolsas de plástico cuando acudan a comprar la despensa.

Debido a los problemas ambientales en la zona, los presidentes municipales de Tampico y Cd. Madero han tomado cartas en el asunto, por ejemplo, a través de la Dirección de Obras Públicas y Ecología se ha puesto en marcha el programa de radio "Conciencia Ecológica", con la finalidad de crear conciencia en la población a cuidar el medioambiente y así tener una ciudad verde, se trasmite en la estación de radio de Tampico, Tamaulipas XETU 980 AM, los martes de las 11:00 hrs a las 12:00 hrs.

Muchos consumidores reconocen ahora que el consumo afecta el medio ambiente y ejercen presión sobre las empresas para que reduzcan el impacto negativo de sus operaciones.

6.1.- PROBLEMÁTICA.-

Una información muy determinante y desconocida hasta el momento, es determinar el número de personas que adquieren productos verdes, y las que no lo hacen, poder conocer las razones de su negativa, determinar las razones por las cuales un producto que tenga el calificativo ecológico pudiera ser más atractivo, sin embargo no asegura que el consumidor lo vaya a adquirir.

La adquisición de productos verdes es otra forma de ayudar al mundo, la demanda de estos existe y cada día aumenta el número de empresas que están dispuestas a renovar sus procesos de producción, el consumidor debe de estar consciente que su decisión puede afectar no solo su calidad de su vida sino también la de sus hijos, pero es importante tener en claro el tipo de cliente sobre el cual se va a hacer la presentación del producto.

Existen herramientas como el análisis del ciclo de vida de un producto, el diseño ecológico, la obtención de la etiqueta ecológica, así como la implantación de sistemas de gestión medioambiental, que son algunas propuestas a través de las cuales, las empresas puedan basar su estrategia de imagen y de marketing ambiental para poder satisfacer las necesidades del cliente.

De acuerdo a lo anteriormente descrito, y dada la importancia de la conciencia ecológica de la ciudadanía es que surgen las siguientes preguntas de investigación:

¿Qué factores son los que determinan la compra de productos ecológicos por parte del consumidor?,

¿Qué estrategias serán necesarias para impulsar la venta de este tipo de productos?

6.2.- OBJETIVOS

Objetivo General:

a).- Determinar los factores predominantes por los cuales los consumidores no compran productos ecológicos en la zona de Tampico, y de esta forma estructurar un plan estratégico que permita el impulso comercial de este tipo de productos.

Objetivos específicos:

a).- Determinar la proporción de consumidores de Tampico y Cd. Madero que adquieren productos verdes para alcanzar el desarrollo sustentable.

b).- Determinar las razones por las cuales los consumidores de la zona eligen productos verdes.

c).- Estructurar el plan estratégico de apoyo a su comercialización.

6.3.- VARIABLES

Variable de la investigación:

Factores que intervienen en el proceso de compra de productos ecológicos.

Indicadores:

Estilo de vida.- Los productos no se adaptan a su forma de vida.

Precio.- utilizar una estrategia de precios superiores puede convertirse en el principal freno a la compra de productos ecológicos.

Disponibilidad del producto.- El consumidor puede tener la dificultad de encontrar en los estantes del supermercado los productos con los atributos ecológicos que busca.

Calidad de producto.- Los consumidores pueden experimentar la sensación de que los productos ecológicos no son tan efectivos como los productos normales.

Conciencia Ecológica.- El conocimiento de una crisis ecológica, implica que el consumidor tenga algunos conocimientos sobre cómo hay que actuar.

Escepticismo.- El consumidor puede considerarse escéptico sobre la veracidad de que los productos son ecológicos debido a la intangibilidad de la calidad ecológica del producto.

Lealtad de marca.- Barrera de entrada con los hábitos de compra del consumidor.

Definición Conceptual: Se entiende por factores que intervienen en la decisión de compra, aquellas razones por las cuales los consumidores tienen predisposición para adquirir productos diseñados a favor de la protección del medio ambiente.

Definición Operacional: Se medirán los porcentajes de cada factor definido, considerando una razón que influye en la decisión de compra. Lo anterior en base a encuestas que se aplicarán a una muestra de la población.

6.4.- JUSTIFICACIÓN

El presente proyecto de investigación circunscribe su importancia a lo que a continuación se expresa. Los resultados que arroje esta investigación serán de utilidad, porque en la medida que se refleje el nivel de conciencia ecológica de la sociedad, se pueden desarrollar estrategias adecuadas para el apoyo de los productos ecológicos, ya que no todos los ciudadanos presentan interés por el medio ambiente e incluso aquellos ciudadanos preocupados ecológicamente, no son necesariamente un consumidor ecológico, por ello la importancia de que estas estrategias puedan trasladar valores a la decisión de compra, estrategias con respeto por el ser humano, la conciencia social y el medio ambiente.

Por lo antes expuesto, las herramientas de marketing tradicional deben de ser redireccionadas para poder aplicarse a un nuevo segmento de consumidores.

Las estrategias pueden variar de supermercado a supermercado, pues el perfil de los consumidores de cada supermercado es diferente, de ahí la importancia en conocer cuáles son las causas por las cuales el consumidor acepta o no este tipo de productos.

La ecología provoca modificaciones en la respuesta de los consumidores y el mercado, esto afecta a las relaciones de intercambio que la empresa mantiene con sus clientes y la obliga a reestructurar su posicionamiento, desarrollar una nueva filosofía de marketing y emplear nuevas técnicas.

Los consumidores deben saber que los productos verdes son productos respetuosos con el medio ambiente, no solo son productos pintados de verde, ni buenas intenciones, ni razones comerciales, es una reacción al panorama.

Las empresas se han percatado de que utilizar el marketing ecológico es indispensable para el desarrollo, y aunque la creación de productos ecológicos cada vez se diversifica mas y va a la alza, estos deben de tener un buen soporte que los impulse.

El mercado verde tiene muchas áreas aun sin tocar o que se deben de mejorar, pero se deben de crear estrategias de mercadeo con una gran responsabilidad ambiental conociendo el tipo de cliente al que se desea dirigir.

6.5.- CONCEPTUALIZACIÓN.-

Mercadotecnia.-

Según Kotler (2006) define el marketing como un "proceso social y de gestión a través del cual distintos grupos e individuos obtienen lo que necesitan y desean, creando, ofreciendo e intercambiando productos con valor para otros" (p.3).

> "*La mercadotecnia es un sistema total de actividades de negocios ideado para planear productos satisfactores de necesidades, asignarles precios, promover y distribuirlos a los mercados meta, a fin de lograr los objetivos de la organización*" (*Stanton, Etzel & Walker, 2007, p.7*).

Para que el intercambio tenga lugar deben reunirse cinco condiciones: 1) Que existan al menos dos partes, 2) que cada parte posea algo que pueda tener valor para la otra parte, 3) que cada parte sea capaz de comunicarse y hacer entrega, 4) que cada parte tenga libertad para aceptar o rechazar la oferta, 5) que cada parte considere que es apropiado o deseable negociar con la otra parte.

Teniendo esto lo anterior, se puede llegar a la conclusión de que la mercadotecnia promueve los procesos de intercambio para lograr la satisfacción de todas las partes que intervienen en él.

El marketing nace de las necesidades básicas y deseos de las personas. Cada persona tiene preferencias distintas. De acuerdo con Maslow (1943) en: Theory of Human Motivation [Teoría sobre la motivación humana] (pp. 370-396), en dicha obra Maslow desarrolla su pirámide que no es sino una jerarquía de las necesidades humanas, las de todo ser humano, la pirámide está compuesta por cinco niveles que representan las cinco necesidades del ser humano.

A partir de este modelo, uno puede comprender las necesidades de aquellos que lo rodean, y de esta manera enfocarse uno a tratar de satisfacer o complacer dichas necesidades, con el fin de cumplir las propias, o llegar a un buen acuerdo a través de la negociación.

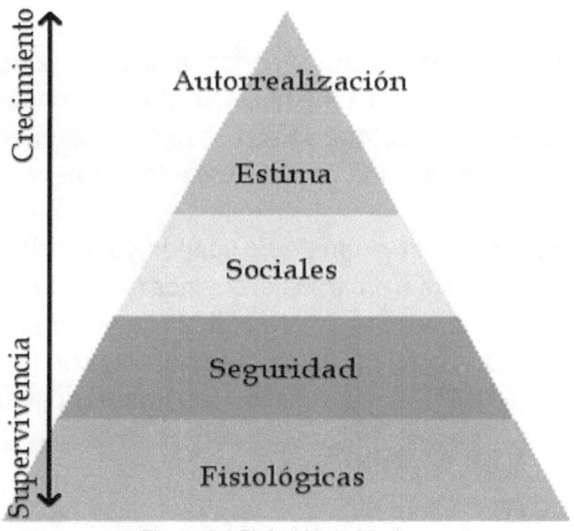

Figura 6.1 Pirámide de Maslow,

Fuente: Conceptos Básicos de Marketing por José Ramón Sánchez Guzmán (1995), p. 26, Edit: México.

La figura 6.1 nos muestra los niveles en que está distribuida la pirámide de Maslow, en el nivel más bajo se encuentran las necesidades fisiológicas, que son aquellas que uno requiere cubrir para poder sobrevivir y lograr un equilibrio con su cuerpo, y funciones corporales. Dentro de estas necesidades tenemos el hambre, la sed, el sueño, la actividad, el sexo, entre otros. Si uno no llega a cubrir estas primeras necesidades, uno no busca subir el peldaño en la escala de la pirámide a buscar el primer nivel.

El siguiente nivel cubre las necesidades de seguridad, son aquellas en donde uno busca su propia seguridad y protección, es decir, lograr un estado de orden, estabilidad y seguridad.

Seguidas por las necesidades sociales que pueden ser de amor, pertenencia, amistad, comunicación, o vivir en comunidad.

Cuando hemos logrado encontrar a una pareja, ser parte de un grupo de amigos, o hemos entrado y pertenecemos a una empresa, es decir, que ya somos parte de algo, empieza a nacer en nosotros una nueva necesidad, la necesidad de estima.

La cúspide de la pirámide es cuando ya hemos logrado ser estimados en nuestro trabajo, que nos reconocen por tal o cual cosa, empieza a surgir la necesidad de autorrealizarnos. Aquí uno busca convertirse cada vez en alguien más de lo que es, y llegar a la meta de lo que cree ser capaz en el futuro.

PRODUCTO

Producto desde la perspectiva de marketing se puede definir según Staton (1993) como "un conjunto de atributos tangibles e intangibles que abarcan empaque, color, precio, calidad y marca, más los servicios y la reputación del vendedor; el producto puede ser un bien, un servicio, un lugar, una persona o una idea" (p. 33).

En la actualidad, todo cliente se ve sobrepasado por miles de ofertas de productos y servicios, pero la capacidad cognitiva y financiera de cada cliente es limitada. De acuerdo con Sandhusen (2006) existen dos tipos de productos (p. 54):

Productos Deficientes: que son aquellos que no tienen ni atractivo inmediato ni beneficios a largo plazo

Productos Agradables: que ofrecen satisfacción inmediata elevada, pero podría perjudicar a los consumidores a la larga.

CONSUMIDOR

Consumidor de acuerdo con Staton (1993) es el "individuo que requiere satisfacer cierta necesidad a través de la compra u obtención de determinados productos, para lo cual debe llevar a cabo algún tipo de operación económica" (p.17).

El consumidor no es un simple agente pasivo que espera a que le ofrezcan los productos y servicios, es un agente activo con el poder suficiente para lograr cambios en las ofertas y hasta en las mismas empresas, para que se ajusten a sus requerimientos y necesidades. Cada vez se es más consciente que lo importante no es la venta sino la repetición de la misma, lo importante no es el primer consumo sino su repetición sucesiva. Por ello, surgen programas de fidelización dirigidos a los clientes actuales en búsqueda de mantener su preferencia y lograr las compras.

PROCESO DE DECISION DE COMPRA

La adquisición de productos para llegar a la cúspide de la pirámide se ve envuelta por un proceso de decisión de compra, el cual Alonso (1997) sugiere es un "conjunto de etapas por las que pasa el consumidor para decidir la compra de productos y servicios" (p. 136). Este proceso incluye las cinco etapas siguientes:

1. *Reconocimiento del problema: percepción de una necesidad.* El reconocimiento del problema consiste en percibir una diferencia entre la situación ideal y real de la persona que baste para generar una

decisión. Ello puede ser tan sencillo como toparse con un envase de leche vacío en el refrigerador; darse cuenta, como estudiante universitario de primer año, de que la ropa que usaba en el bachillerato no corresponde con la que usan sus compañeros actuales, o advertir que su computadora laptop no funciona adecuadamente.

En el marketing, los anuncios o los vendedores pueden activar el proceso de decisión de compra de los consumidores al mostrarles las deficiencias de productos competidores (o de los productos que tienen actualmente).

2. *Búsqueda de información: búsqueda de valor.* Después de reconocer el problema, el consumidor empieza a buscar información, lo que constituye la etapa siguiente del proceso de decisión de compra. En primer término, busca en su memoria experiencias que ha tenido con productos o marcas, acción denominada búsqueda interior. Esto puede bastar en productos de consumo frecuente. También es posible que el consumidor emprenda una búsqueda externa de información.

Esta resulta especialmente necesaria cuando las experiencias son insuficientes o es alto el riesgo de una decisión de compra incorrecta y es bajo el costo de obtener la información. Las fuentes primordiales son: fuentes personales (parientes y amigos), fuentes públicas (organizaciones de evaluación de productos como la "Revista del Consumidor") y fuentes dominadas por el mercadólogo (representantes de ventas, publicidad impresa, sitios web, etc.).

3. *Evaluación de alternativas: evaluación en búsqueda de valor.* La etapa de búsqueda de información aclara el problema al consumidor, ello al: generar criterios para usarlos en la compra, proporcionarle

nombres de marcas que podrían satisfacer esos criterios, y originar percepciones de valor en el consumidor. Estos criterios permiten establecer las marcas del conjunto evocado, el subgrupo de marcas que el consumidor vería como aceptable, de todas las marcas que conoce en la clase de producto respectiva.

4. *Decisión de compra: compra de valor.* Después de analizar las opciones del conjunto evocado, el consumidor está casi listo para tomar la decisión de compra. Restan solo dos aspectos por determinar: dónde comprar y cuándo comprar. La decisión de con cual proveedor comprar abarcaría aspectos como las condiciones de venta, experiencias de compra con el proveedor en cuestión, política de devoluciones, etc. Es frecuente que en la decisión de compra se evalúen simultáneamente los atributos del producto y las características del proveedor.

Decidir cuándo hacer la compra es algo que frecuentemente depende de varios factores. Por ejemplo, podría emprenderla con mayor prontitud si una de sus marcas preferidas está en oferta o su fabricante ofrece reembolso. Otros factores, como el ambiente del establecimiento, grado en que la experiencia de compra sea placentera, capacidad de persuasión del vendedor, presiones de tiempo y circunstancias económicas, también podrían hacer que efectúe la compra o la posponga.

El uso del Internet para recopilar información, evaluar opciones y tomar decisiones de compra agrega una dimensión tecnológica al proceso mismo de decisión de compra de los consumidores.

5. *Comportamiento post-compra: valor de consumo o uso.* Luego de adquirir el producto, los consumidores lo comparan contra sus expectativas

y quedan satisfechos o insatisfechos. Si están insatisfechos, los mercadólogos deben indagar si el producto fue deficiente o las expectativas del consumidor fueron excesivamente altas. En el primer caso podría requerirse un cambio en el diseño del producto, mientras el segundo es posible que en la publicidad de la compañía o el discurso del vendedor hayan exagerado las características del producto.

La sensibilidad a la experiencia de consumo o uso de los consumidores es de suma importancia en la percepción de valor del consumidor. La satisfacción o insatisfacción afecta a las comunicaciones y comportamiento de compra repetida de los consumidores. Los compradores satisfechos cuentan su experiencia a tres personas. Los compradores insatisfechos se quejan con otras nueve personas. Además los clientes satisfechos tienden a comprar con el mismo proveedor cada vez que surge una ocasión de compra.

El efecto económico del comportamiento de compra repetida es significativo, al grado de que las grandes empresas enfocan su atención en el comportamiento pos compra, para optimizar la satisfacción de sus clientes y su retención como tales. Dichas compañías, ahora cuentan con números gratuitos para recepción de quejas y sugerencias, así como personal capacitado para tal labor y bases de datos en que se almacenan miles de preguntas y respuestas respecto a los productos de la empresa. Estas actividades generan comunicaciones post-compra repetidas entre los consumidores y contribuyen a que se formen relaciones entre compradores y vendedores.

PSICOLOGIA DEL CONSUMIDOR

Denegri (2010), manifiesta que "el consumidor se rige por medio de procesos mentales preestablecidos, a través de tres aspectos que son: los grupos de referencia primarios, secundarios y terciarios" (p.26). Estos grupos son los que moldean la personalidad del individuo.

Los grupos de referencia primarios son la familia, de la cual, el individuo aprende patrones o roles de comportamiento cumpliendo con determinadas funciones y comportamientos.

Los grupos de referencia secundarios son las amistades y la escuela, es decir, el contacto con grupos diferentes que amplían o limitan el desarrollo, conocimiento y expectativas del individuo en un grupo social determinado, mediante factores socioeconómicoculturales.

Los grupos terciarios están los medios masivos de comunicación que moldean el carácter, así como las pautas y expectativas sociales a seguir, dentro de un contexto cronológico o temporal.

El comportamiento del consumidor también está ligado a disparadores psicológicos que según Denegri (2010) en Introducción a la Psicología Económica "son los motivadores potenciales que permiten al individuo tomar decisiones, todo sobre la base de lo anteriormente presentado".

Los principales disparadores que intervienen en los procesos del pensamiento para la toma de decisiones, lo que conlleva a una acción.

Cultural.- Lugar a donde pertenece el individuo, su forma de pensar dentro de un grupo social específico, tradiciones, cultura y nivel socioeconómico

Status.- Este factor es uno de los influyentes más fuertes, ya que mediante los medios de comunicación se deja una imagen mental de lo que el individuo debe buscar como modelo de vida a seguir, por tanto, provoca que los diferentes estratos socioeconómicos aspiren a esa forma de vida causando el consumismo.

Afectivo.- El disparador afectivo ataca los procesos mentales del individuo para que este prevea posibles problemas que se le podrían presentar tanto con sus seres queridos, como en sus expectativas.

De necesidad.- Este disparador se basa en mostrar lo necesario que es el consumo de un producto para la vida cotidiana, dentro de él existe una variante que es: el producto de necesidad creado, en el cual se busca formar la exigencia de un producto; aunque en realidad éste no sea de primera necesidad, haciendo mención de las características, tecnología, servicio, apariencia, utilidad, costo, innovación, etc.

Estandarización.- Se posiciona en la mente del consumidor, haciéndole notar que el producto que se oferta es adquirido o usado por todos o por una masa de gente; utilizando frase como: ¿usted aún no lo tiene?, ¿Qué espera? etc.

Innovación.- Se busca hacer alarde de la tecnología para el mejoramiento en la calidad de vida o servicio, provocando que el consumidor busque tomar la decisión de adquirir la comodidad, la eficiencia y la simplificación del trabajo.

Pertenencia.- Que ataca el ego personal del consumidor potencial, haciéndole notar que para lograr una posición afectiva, un status o lograr la pertenencia de un grupo específico, debe obtener el producto o servicio ofertado para ser reconocido o aceptado.

MARKETING SOCIAL

"Marketing Social es el diseño, implantación y control de programas que buscan incrementar la aceptabilidad de una idea social o prácticas en grupos" (Armstrong, 2001, p.78).

Herrera (2005) plantea la responsabilidad social como "conjunto de obligaciones, relaciones y derechos generalmente aceptados que se relacionan con el impacto de la corporación sobre el bienestar de la sociedad" (p.64).

La responsabilidad social son consecuencias éticas en las que incurren las empresas en sus intercambios con el mercado. El marketing social, puede ser en algunas ocasiones causa de fuertes controversias éticas.

El marketing relacionado con causas sociales no es un marketing sin fines de lucro. No tiene como fin realizar obras de caridad, ni persigue un fin social. Las acciones filantrópicas constituyen sólo un medio para conseguir el fin último de incrementar las ventas y los beneficios.

La acción del marketing es estimular y facilitar el comportamiento del consumidor o usuario para que resulte un intercambio beneficioso para ambas partes. Sin embargo, en el caso de los comportamientos sociales se producen dos paradojas:

- Se aboga por un comportamiento particular, pero generalmente no se vende el producto que es objeto de tal comportamiento.
- Los comportamientos que se abogan no suelen ofrecer beneficios personales a corto plazo, e incluso pueden ser molestos.

El diseño de las estrategias debe contemplar la utilización de los cuatro instrumentos básicos del marketing.

- Producto: La adaptación del producto al segmento de mercado al que se dirige es muy pocas veces posible en marketing social (se intenta conseguir que los comportamientos se adapten a la idea). Por ello es más necesario resaltar las ventajas y beneficios que se obtendrán o los perjuicios que se evitarán con la aceptación de la cusa social propuesta.

- Precio: No es monetario, sino que consiste en la dedicación de tiempo, esfuerzos o molestias por parte del beneficiario del programa. Debe tratarse, por tanto, de reducir al máximo esas contraprestaciones requeridas con el fin de estimular una acción o una actitud positiva hacia la causa social propuesta por parte del mayor número posible de personas.
- Distribución: La función de la distribución es poner a disposición de los beneficiarios de la cusa social los medios materiales y humanos que permitan o faciliten las actitudes o comportamiento propuestos.
- Promoción: El mensaje y los medios de comunicación empleados deben adaptarse a las características de los segmentos de mercado a los que se dirigen los programas de marketing social

Durante el proceso de la aplicación del marketing social se emplea la investigación, análisis, planificación, diseño, ejecución, control y evaluación de programas; que tienen como objetivo, promover un cambio social favorable, a través de la oferta de un producto social, que esté orientado a que sea aceptada o modificada voluntariamente, una determinada idea o práctica en uno o más grupos de destinatarios.

MEGAMARKETING

Es la aplicación estratégicamente coordinada de capacidades económicas, psicológicas, políticas y de relaciones públicas con el fin de ganarse la cooperación de ciertos grupos para operar en un mercado concreto (Kotler, 1986).

Es la ampliación de los instrumentos de marketing tradicionales con la gestión de las Relaciones Publicas de forma diferenciada con el objeto de satisfacer a los grupos clave diferentes al consumidor y de los distribuidores.

ECOLOGIA.

En este apartado se hace referencia de la Ecología y todo lo relacionado hasta llegar a dimensionar el concepto de marketing ecológico y productos ecológicos.

Cherret (1990) señala que "Ecología es la rama de las ciencias biológicas que se ocupa de las interacciones entre los organismos y su ambiente (sustancias químicas y factores físicos)" (pp. 1-16).

La palabra ecología fue utilizada por primera vez por en 1869 por el prusiano Ernest Haeckel. En alemán se escribe "Ökologie", la forman las palabras griegas oikos (casa, vivienda, hogar) y logos (estudio o tratado), por ello Ecología significa "el estudio de los hogares" y la mejor manera de gestionarlos. Entonces podemos decir que el Marketing Ecológico tiene en cuenta el impacto que genera en el entorno natural.

La unidad mayor de la ecología es un ecosistema, este se define según Smith (2001) como "el que contiene partes que interactúan formando una unidad. El ecosistema consiste en dos componentes básicos interrelacionados, la parte viva y la parte física" (p.4).

La pérdida de la biodiversidad es el daño más importante del cambio ambiental para los ecosistemas, la biodiversidad de acuerdo con Ondarza (1993) "comprende a todas las especies vegetales y animales, microorganismos y ecosistemas así como a los procesos biológicos que son parte de ellos" (p.180), su pérdida es un proceso totalmente irreversible y no hay forma de predecir sus consecuencias, la biodiversidad es fuente de recursos importantes para el bienestar de la humanidad tanto en forma de alimento como para el empleo en medicinas y otros productos.

Con el paso de los años, la biodiversidad ha sufrido un efecto devastador por la actividad del hombre, que con sus acciones acelera el índice de extinción de especies.

Las causas más obvias de la pérdida de los recursos naturales son muy claras: contaminación del aire, el suelo, el agua, tumbar y quemar bosques en gran escala, utilizar desmedidamente pesticidas entre otros.

MARKETING VERDE

Calamore (2000,) señala que "Marketing ecológico es el proceso encaminado a la obtención de intercambios ecológicamente sostenibles que, mediante el desarrollo de productos procesos innovadores, y la gestión de la distribución, la comunicación y las relaciones con el público interesado, permita la satisfacción de las necesidades y deseos del consumidor y la consecución de los objetivos a largo plazo de la empresa y la sociedad" (p.5).

El marketing verde crea productos que se encaminan a salvaguardar el medio ambiente, modificando el diseño del producto, los procesos de producción, empaques biodegradables, incluso re-direccionando la distribución y publicidad, esto se centra básicamente en los productos tangibles, sin embargo en el marketing de servicios este también es utilizado.

El marketing ecológico surge a raíz de una necesidad: las empresas se ven obligadas a adaptarse a las demandas ecológicas de sus mercados y de los organismos que regulan sus actividades contaminantes. El marketing ecológico se constituye como una filosofía surgida en la década de 1970, principalmente en Estados Unidos, con trabajos de distintos autores como Fisk (1974), Kassarjian (1971), Henion y Kinnear (1976), entre otros.

Autores como P y Prothero (1997), Ottman, J.A (1998), Coddington, W (1993), Peattie (1992) y Polansky, M.J (1995, indican que la orientación del marketing hacia el medio ambiente es necesaria, no sólo para satisfacer las necesidades de los consumidores de productos ecológicos, sino también para compatibilizar los objetivos empresariales con la ética y la responsabilidad social, con el fin de contribuir a una mejor calidad de vida a largo plazo.

PRODUCTO VERDE

Hopfenbeck (1995) define un producto verde, como "producto que cumpliendo las mismas funciones que los productos equivalentes, su daño al medio ambiente es inferior durante la totalidad de su ciclo de vida" (p. 21). Es decir, que la suma de los impactos generados durante la fase de extracción de la materia prima, de producción, de distribución, de uso/consumo y de eliminación es de menor cuantía que en el caso del resto de productos que satisfacen la misma necesidad.

Por lo tanto, la creación de un producto verde implica también el proceso de fabricación, puesto que no podrá existir un producto ecológico si se ignora el comportamiento ambiental de los medios de producción e incluso, el resto de las áreas de la compañía. Los productos verdes son aquellos que le hacen bien o al menos el menor daño posible al medio ambiente, ya sea en relación con su producción, uso y degradación.

Según el estudio realizado por Scott Bearse y Peter Capozucca "Finding the green in today's shoppers" [Encontrado lo verde en los consumidores de hoy] (p. 26) la mayoría de los productos ecológicos tienen una o más de los siguientes atributos a la salud del medio ambiente.

- Ellos promueven la calidad del aire limpio (normalmente a través de la reducción de emisiones).
- Son durables y tienen bajos requerimientos de mantenimiento.

- Son reciclables y reutilizables.
- Se hacen uso de los recursos favorables naturales, renovables o el medio ambiente.
- No contienen ninguna sustancia destructora del ozono, como los gases invernadero.
- Que no contienen compuestos altamente tóxicos, y su producción no se traduce en altamente tóxicos por productos derivados o residuos nocivos para la sociedad y el medio ambiente, son biodegradables.

CONSUMIDOR VERDE

La preocupación por el deterioro ambiental está dando lugar a la aparición de un nuevo segmento de consumidor, los consumidores verdes se pueden definir según Chamorro (2004), como aquel "consumidor que manifiesta su preocupación por el medio ambiente en su comportamiento de compra, buscando productos que sean percibidos como de menos impacto sobre el medio ambiente" (pp. 2-3). Al aparecer este tipo de consumidor las empresas se ven obligadas a redirigir el marketing mix, es decir:

- La política del producto, los atributos específicos del producto tales como su duración, facilidad para reciclarse/reutilizarse o el tipo y cantidad de materiales usados en el producto y su envase.
- Política de precios, se debe fijar un precio que refleje la estructura de costes de la empresa una vez que se han recogido todos los costes ecológicos derivados de la fabricación del producto. En ocasiones precios superiores pueden convertirse en el principal freno a la compra de productos ecológicos.
- Política de distribución, además de poner a disposición del consumidor el producto, debe de

reducir el consumo de recursos y la generación de residuos durante la distribución.

• Política de comunicación, debe estimular la demanda del producto.

De acuerdo al estudio realizado por Scott Bearse y Peter Capozucca (AÑO), "Finding the green in today's shoppers" [Encontrando lo verde en los consumidores de hoy] (p.3), el consumidor verde no tiene un perfil determinado, se dispersan a lo largo de todos los rangos de ingresos, intervalos de edad, intervalos educativos y diferentes tamaños de hogares. Sin embargo el promedio de este tipo de consumidor tiende a ser personas mayores que tienen mayores niveles de educación y disponen de elevados ingresos.

Para estos consumidores el calificativo ecológico es un atributo valorado en el proceso de decisión de compra, en algunos casos dicha valoración se manifestará en pagar un mayor precio por productos percibidos como ecológicos, en otros casos se manifestará en el rechazo de aquellos productos contaminantes, y en otros casos se manifestará en preferir el producto más ecológico en igualdad de condiciones funcionales y económicas.

La sostenibilidad y el respeto por el medio ambiente son factores que únicamente se tienen en cuenta a la hora de tomar decisiones de compra cuando los productos son del mismo precio, así, a pesar de existir una minoría de consumidores comprometidos y proactivos con el medio ambiente, dispuestos a pagar más por productos sostenibles, la mayoría de la población que apoya este tipo de productos quiere que exista igualdad en la relación al precio con el resto de los productos.

DESARROLLO SUSTENTABLE

Vázquez (2000), define el desarrollo sustentable como "gestión de un tipo de desarrollo que garantiza a escala local, nacional, regional y planetaria, tanto de las condiciones de vida de las generaciones presentes como de las futuras" (p.165).

El desarrollo sustentable satisfará tantos las necesidades presentes como las futuras, por lo que constituye una meta no solo para los países subdesarrollados, sino también para los industrializados. Este debe de garantizar la equidad en el acceso a los recursos naturales, bienes sociales y económicos, lo que genera una igualdad entre la población mundial actual y la de futuras generaciones.

El camino para el desarrollo sustentable requiere de la colaboración de distintas áreas: el sector político, el sector económico y el integral.

Es aquel que permite que la generación actual cubra sus necesidades sin comprometer la capacidad de las generaciones futuras de satisfacer sus necesidades, el concepto anterior se propuso en la conferencia para el desarrollo sustentable celebrada en Madrid, España en 1987 y en la cual se redactó un documento denominado Informe Brundtland, nuestro futuro común.

AMBIENTALISMO

Debido a que las personas ven a los negocios como la causa de muchos males económicos y sociales, han surgido movimientos encaminados a fijar límites a las empresas, por ejemplo el ambientalismo, la primera ola de ambientalismo fue impulsada en los años sesenta y setenta por grupos ecológicos y consumidores preocupados, el ambientalismo según Czinkota y Ronkainen (2001) se define como "movimiento organizado de ciudadanos preocupados, empresas y dependencias de gobierno, que buscan proteger y mejorar el entorno en el que vive la gente" (p. 671).

Los ambientalistas no están en contra del marketing y el consumo, solamente quieren que la gente y las organizaciones operen cuidando el medio ambiente, según los seguidores de este movimiento la meta del marketing no debe ser maximizar el consumo, las opciones de los consumidores ni la satisfacción de los consumidores, sino maximizar la calidad de vida, que no solo se refiere a la cantidad y calidad de bienes y servicios que recibe el consumidor, sino también a la calidad del entorno.

Czinkota y Ronkainen (2001) también hablan de sostenibilidad ambiental y la defines como "el desarrollo de estrategias que sostienen el entorno y al mismo tiempo que se desarrollan estas, producir utilidades para la compañía" (p.671).

Las preocupaciones de los ciudadanos respecto a las prácticas de marketing por lo regular hacen que se les preste atención pública y se propongan leyes. Las nuevas propuestas debatirán, muchas veces serán rechazadas, otras serán modificadas y unas cuentas se convertirán en leyes prácticas, el objetivo debe ser dar a entender esas leyes a los ejecutivos de marketing para que tomen decisiones acerca de relaciones competitivas, productos, precio, promoción y canales de distribución.

Existe una cuadricula que las compañías pueden usar para estimar su progreso hacia la sostenibilidad ambiental.

Tabla 6.1 Cuadricula de sostenibilidad ambiental

	Interno	Externo
Mañana	**NUEVA TECNOLOGIA AMBIENTAL** ¿El desempeño del proceso ambiental de nuestros productos está limitado por nuestra base tecnológica existente? ¿Hay potencial para efectuar mejoras importantes con el uso de tecnología nueva?	**VISION DE SOSTENIBILIDAD** ¿Nuestra visión corporativa nos dirige hacia la resolución de problemas sociales y ambientales? ¿Nuestra visión guía el desarrollo de nuevos mercados, tecnologías, productos y procesos?
Hoy	**PREVENCION DE LA CONTAMINACION** ¿Cuáles son los flujos de desechos y emisiones más importantes de nuestras operaciones actuales? ¿Podemos reducir los costos y los riesgos si eliminamos los desechos en su origen o si los utilizamos como consumo útil?	**TUTELA DE PRODUCTOS** ¿Qué implicaciones tiene para el diseño y el desarrollo de os productos asumir la responsabilidad de todo el ciclo de vida? ¿Podemos añadir valor o reducir los costos, y al mismo tiempo disminuir el efecto de nuestros productos?

Fuentes: Beyond Greening, Strategies for a Sustainable World, por Stuart L. Hart (1997) p.74

En el nivel más básico, se encuentra la "Prevención de la contaminación", en donde la empresa tiene que eliminar o minimizar los desechos antes de crearlos, al hacer esto se crearán programas de marketing verde en los cuales se desarrollarán productos ecológicamente más seguros, envases y envolturas reciclables y biodegradables, mejores controles de contaminado y operaciones para que la energía se use de forma más eficiente, porque se puede ser verde y competitiva al mismo tiempo.

En el siguiente nivel se practica la "Tutela de productos", es decir, no solo minimizar la contaminación ocasionada por la producción, sino todos los efectos ambientales durante el ciclo de vida de los productos, se adopten prácticas de diseño para el ambiente, previniendo desde la etapa del diseño, como es posible crear productos más fáciles de recuperar, reutilizar o reciclar.

El tercer nivel, denominado "Nueva Tecnología Ambiental", es donde la empresa debe de tener una visión hacia el futuro y planear nuevas tecnologías ambientales, pues aunque se logren avances en la prevención de la contaminación y la tutela de productos, siguen estando limitados por las tecnologías existentes, las empresas tendrán que crear nuevas tecnologías.

En el cuarto nivel, la empresa debe de desarrollar una "Visión de sostenibilidad" que les sirva como guía para el futuro, mostrando como los productos y servicios, procesos y políticas de la compañía deben evolucionar y que nuevas tecnologías es necesario desarrollar para llegar a ese punto.

La mayoría de las empresas se concentran en prevenir la contaminación, algunas progresistas practican la tutela de productos y pocas tienen visiones de sostenibilidad.

SISTEMA DE GESTION AMBIENTAL

En la revista trimestral latinoamericana y caribeña de desarrollo sustentable, el artículo escrito por Eduardo Martínez en el 2003 define Sistema de Gestión Ambiental como "un proceso cíclico de planificación, implantación, revisión y mejora de los procedimientos y acciones que lleva a cabo una organización para realizar su actividad garantizando el cumplimiento de sus objetivos ambientales."

La mayoría de los sistemas de gestión ambiental están construidos bajo el modelo del ciclo de la mejor continúa "planificar, hacer, comprobar y actuar", lo que permite la mejora continúa basada en:

- Planificar, incluyendo los aspectos ambientales y estableciendo los objetivos y las metas a conseguir.
- Hacer, implementando la formación y los controles operacionales necesarios.
- Comprobar, obteniendo los resultados del seguimiento y corrigiendo las desviaciones observadas.
- Actuar, revisando el progreso obtenido y efectuando los cambios necesarios para la mejora del sistema.

El análisis de los factores que intervienen en el proceso de compra de productos ecológicos, se desglosa en 7 indicadores que son:

- Estilo de vida
- Precio
- Disponibilidad del producto
- Calidad del producto
- Conciencia ecológica
- Escepticismo
- Lealtad de marca

6.6.- ANALISIS DE LOS INDICADORES

6.6.1.- ESTILO DE VIDA (SEXO)

En la siguiente imagen se muestra la gráfica que divide la población encuestada en dos subconjuntos: género femenino y género masculino.

Grafico 6.6.1 Estructura Demográfica (Sexo)

De acuerdo a la grafica el 92% de las personas encuestadas pertenece al sexo femenino, mientras que solo el 8% de la población corresponde al sexo masculino.

6.6.2.- ESTILO DE VIDA (EDAD)

En esta gráfica se ven reflejados los diferentes grupos de edad (en intervalos de cinco años) de la muestra, representados en forma de barras.

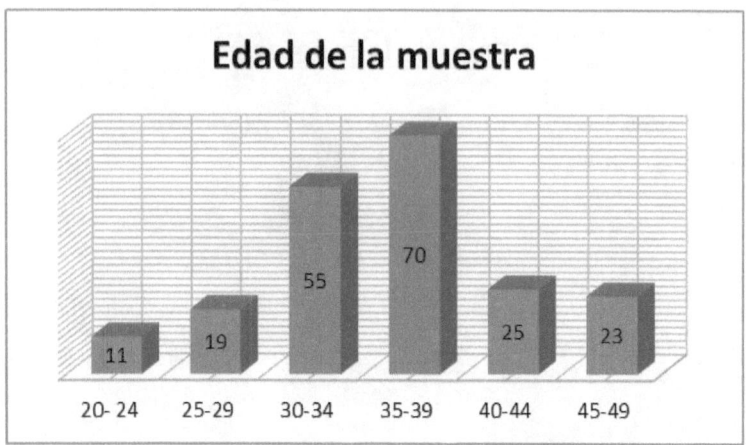

Edad de la muestra

11	19	55	70	25	23
20-24	25-29	30-34	35-39	40-44	45-49

Grafico 6.6.2.- Estructura Demográfica (Edad)

Se observa que el 35% de la muestra tiene entre 35 y 39 años, el 27% entre 30 y 34 años, solo el 12% de la muestra está entre los 40 y 44 años, el 11% tiene entre 45 y 49 años, 9% de la muestra está entre los 25 y 29 años y el 6% tiene entre 20 y 24 años.

6.6.3.- ESTILO DE VIDA (NIVEL DE EDUCACIÓN)

Se estableció el grado de escolaridad que los encuestados pudieran tener, para de estar manera establecer una relación con el tipo de consumidor y su educación.

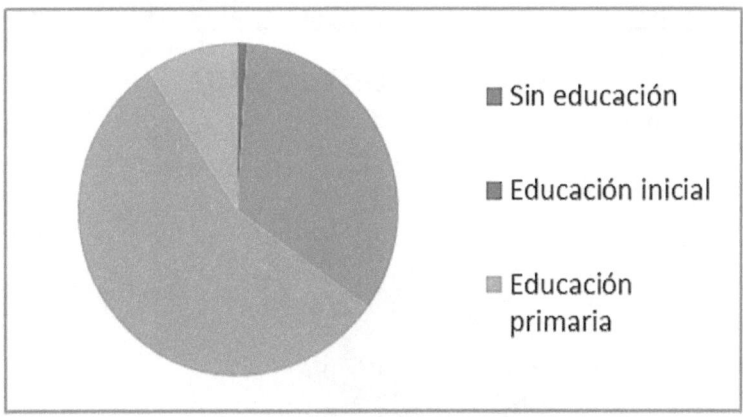

Grafico 6.6.3.- Grado de escolaridad

En el gráfico se pueden observar los resultados determinantes, donde el 55.66% de los encuestados tienen un nivel de educación superior, el 33.99% cuenta con estudios de educación media superior, 9.35% de indico tener estudios de posgrado y el 0.99% cuenta con estudios a nivel secundaria, de esta manera se observa que en la población muestra el nivel mas bajo de educación es la secundaria.

6.6.4.- ESTILO DE VIDA (TIPO DE CONSUMIDOR)

Se han establecido tres tipos de consumidores, el encuestado entra en cierta categoría dependiendo de la cantidad de actividades que realiza en su rutina para ayudar al Medio Ambiente. Es decir que:

a).- Consumidor Conservador (Más de 5 actividades)
b).- Consumidor Promedio (De 1-4 actividades)
c).- Consumidor Despreocupado (0 actividades)

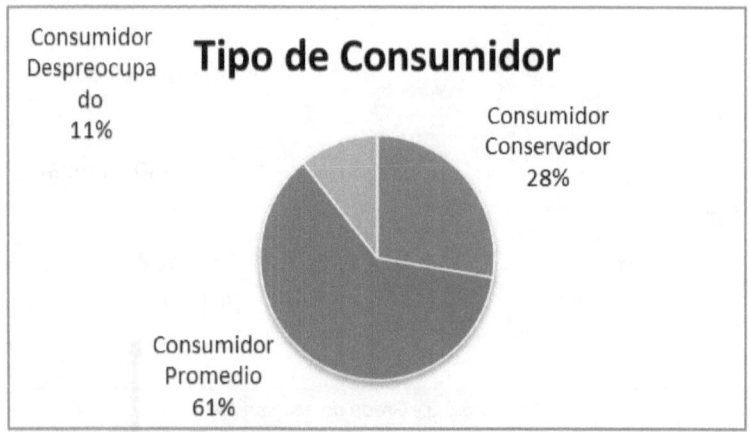

Grafico 6.6.4.- Tipo de Consumidor

En orden jerárquico: El 61% de la muestra es un consumidor promedio, el 28% son consumidores conservadores y solo el 11% de la muestra entra en la categoría de consumidor despreocupado.

Los resultados de este gráfico permiten inferir que la mayoría de la población son consumidores promedio que realizan de 1 a 4 actividades para ayudar el Medio Ambiente.

Las 3 actividades más comunes que realizan las personas son:

1. Apagar las luces de la habitación cuando no se usan
2. Utilizar focos de luz blanca
3. Reciclar papel

6.6.5.- ESTILO DE VIDA (CONOCIMIENTO DE PRODUCTOS ECOLÓGICOS)

De la siguiente gráfica se desprende si los encuestados saben de la existencia de productos ecológicos. De no saber de su existencia el encuestado omite las preguntas 4-12.

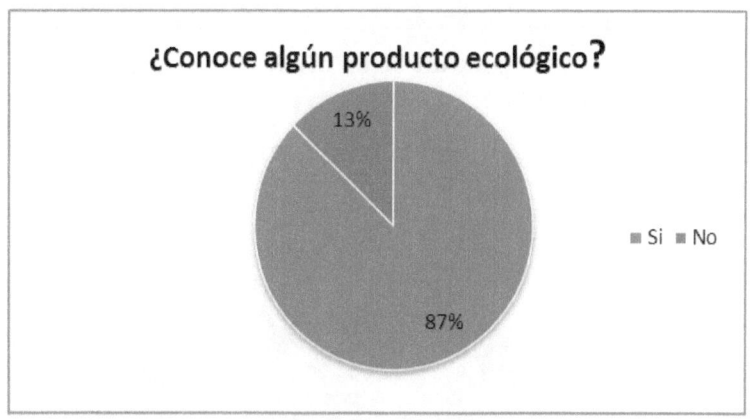

Grafico 6.6.5.- Conocimiento de la existencia de productos ecológicos

La muestra consultada determinó que el 87% manifiesta saber que hay productos ecológicos en los supermercados, mientras un 13% expresa que no sabe de su existencia.

6.6.6.- ESTILO DE VIDA (ADQUISICIÓN DE PRODUCTOS ECOLÓGICOS)

Una vez realizado el corte de la población se obtiene una nueva muestra de 144 personas, se procedió a desglosar los consumidores que compran productos ecológicos y los que no. El gráfico 4.5 muestra el desglose:

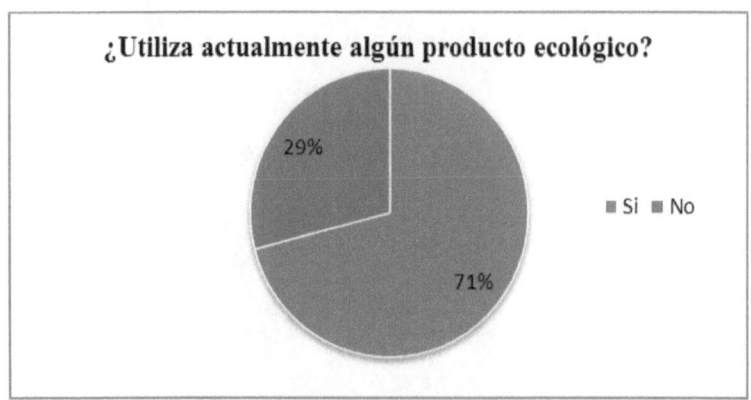

Grafico 6.6.6.- Fragmentación de consumidores que adquieren o no productos ecológicos.

En función de la muestra consultada se determinó que un 71% adquiere productos ecológicos y un 29% no lo hace.

6.6.7.- PRECIO

La siguiente gráfica muestra la percepción que tienen los consumidores, de los precios de los productos ecológicos y de esta manera determinar si el precio es un factor importante para el impulso de esta clase de productos.

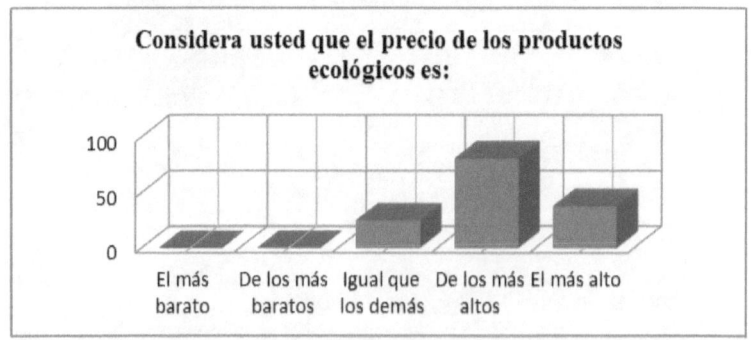

Grafico 6.6.7.- Percepción del Precio de los Productos Ecológicos

Aquí las respuestas se distribuyen en cinco opciones de la forma siguiente: el 56% responde que es de los más altos, el 27% opina que es el más alto del mercado, el 17% manifiesta que es el precio de los productos ecológicos es igual a los demás y hay un 0% que está totalmente de acuerdo en que el precio no es ni de los más baratos y muchos el más barato del mercado.

Si sumamos las dos opciones mayores obtenemos un porcentaje de 83% que representa casi una mayoría absoluta que está de acuerdo en que el precio de los productos ecológicos es alto.

6.6.8.- DISPONIBILIDAD DEL PRODUCTO

Esta gráfica define la percepción que tienen los consumidores acerca de la disponibilidad de productos ecológicos en los supermercados. En donde se busca saber si les es fácil localizarlos y adquirirlos.

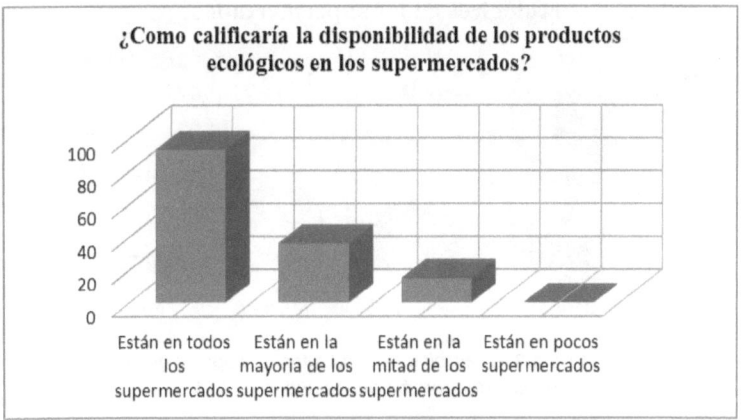

Grafico 6.6.8.- Percepción de la Disponibilidad de Productos Ecológicos

Más de la mitad de la muestra (65%) expresó que estos productos están disponibles en todos los supermercados, el 25% opinó que están en la mayoría de los supermercados, una minoría de un 10% expresó que solo están en la mitad de los supermercados y nadie opinó que los productos ecológicos estén en pocos supermercados.

Si sumamos los resultados de las dos primeras opciones en orden jerárquico se obtiene un porcentaje de un 90% que están de acuerdo en que la disponibilidad de los productos ecológicos en los supermercados es alta.

6.6.9.- DISPONIBILIDAD DEL PRODUCTO (EN PROPORCIÓN)

La noción que el consumidor tiene de la cantidad de productos ecológicos que puede encontrar en los supermercados es importante, por eso se hace esta gráfica, en donde se presenta la idea general de cuantos productos ecológicos pueden observar en los anaqueles de los supermercados.

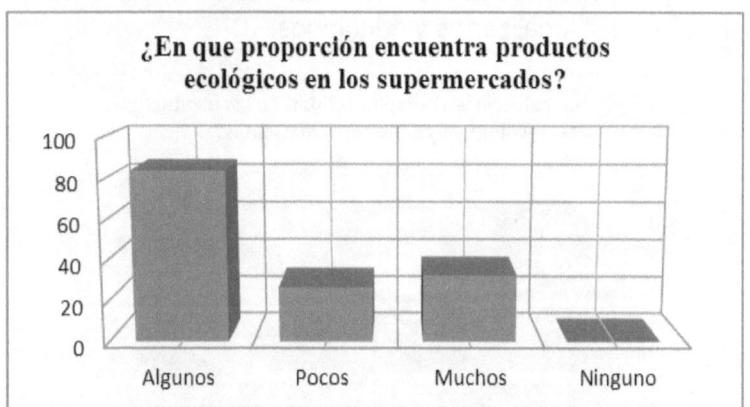

Grafico 4.9 *Proporción de productos ecológicos que el consumidor percibe en los supermercados.*

En relación con la proporción de los productos en los supermercados de la zona, el 58% de la muestra consultada determinó que solo percibe algunos productos en los anaqueles, mientras que el 23% opinó que hay muchos productos disponibles, el 19% expresó que hay pocos productos en los supermercados y ningún encuestado piensa que no hay productos ecológicos a la venta.

La gráfica revela que la mayoría de los consumidores piensa que solo hay algunos productos ecológicos disponibles en los anaqueles de los supermercados, aunque los resultados son contundentes ninguno de los encuestados opina que no haya ningún producto disponible.

6.6.10.- CALIDAD

La manera en que los clientes perciben la calidad de los productos ecológicos es de suma importancia, ya que los productos ecológicos son tan efectivos como los productos tradicionales y una comunicación de boca en boca puede favorecer la demanda de esta clase de productos.

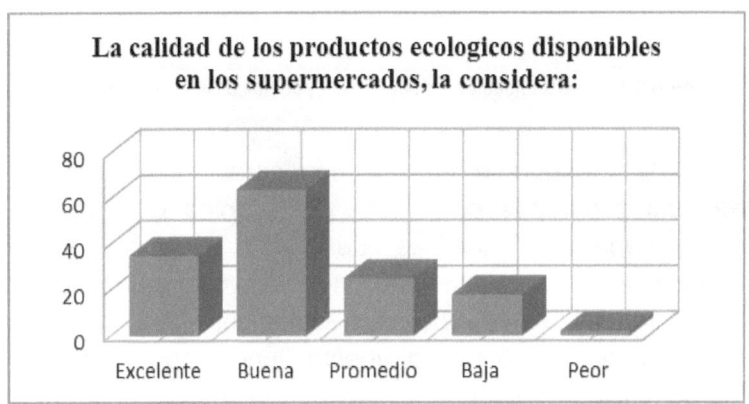

Grafico 6.6.10.- *Percepción de Calidad de Productos Ecológicos*

Las respuestas se distribuyen en 5 opciones: el 45% expresó que la calidad de los productos ecológicos es buena, mientras que el 24% opinó que es excelente, un 17% piensa que tienen calidad promedio, el 13% percibe que la calidad es baja, mientras que solo el 1% piensa que la peor.

De acuerdo al 69% de la muestra la calidad de los productos ecológicos es totalmente aceptable.

6.6.11.- CONCIENCIA ECOLÓGICA

En la siguiente gráfica se hace una clasificación de que tanto conocen los consumidores acerca de los beneficios que conlleva usar productos que son amigables con el medio ambiente.

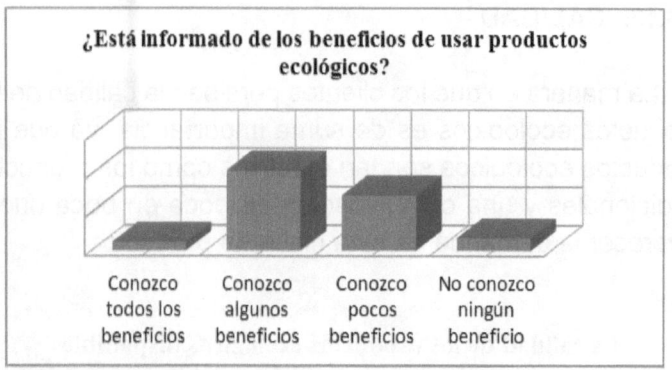

¿Está informado de los beneficios de usar productos ecológicos?

Conozco todos los beneficios | Conozco algunos beneficios | Conozco pocos beneficios | No conozco ningún beneficio

Grafico 6.6.11.- *Clasificación de conciencia ecológica de los consumidores*

El 62% respondió que solo conoce algunos beneficios de usar productos ecológicos, 24% opina que conoce pocos beneficios, mientras que el 13% contestó que no conoce ningún beneficio y solo el 8% dijo conocer todos los beneficios del uso de productos ecológicos.

Es así que un 86% de la muestra tiene conocimientos de los beneficios que conlleva el uso de productos amigables con el Medio Ambiente.

6.6.12.- ESCEPTICISMO (PUBLICIDAD)

La siguiente gráfica refleja como los consumidores de la zona conurbada Tampico y Cd. Madero, confían en la información que se difunde de los productos ecológicos.

Grafico 6.6.12.- *Confianza de los consumidores en la publicidad de productos ecológicos*

Con los resultados de este gráfico se concluye que el 46% de la muestra confía poco en la veracidad de la publicidad, el 27% confía mucho en la publicidad, mientras que un 19% confía bastante en la veracidad de la publicidad y solo un 8% no cree en nada de lo que dicen los anuncios publicitarios de productos ecológicos.

El 46% de la muestra confía poco en la publicidad de los productos verdes, podrían pensar que se trata de publicidad engañosa solo para que los consumidores adquieran estos productos.

6.6.13.- ESCEPTICISMO (EFICACIA)

La siguiente gráfica representa el porcentaje de la muestra que opina que los productos ecológicos ayudan a cuidar del medio ambiente.

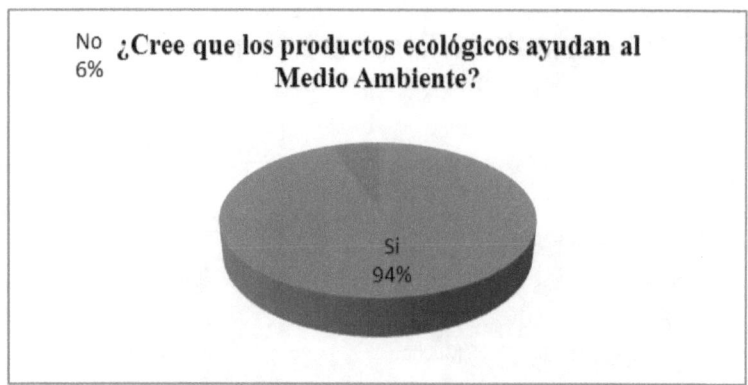

Grafico 6.6.13.- *Escepticismo de Productos Ecológicos*

Los resultados fueron determinantes. El 94% de la muestra opinó que los productos ecológicos si contribuyen a la mejora del Medio Ambiente, mientras que solo el 6% expresó que no lo hacen. La mayoría de los consumidores contestó afirmativamente a la cuestión, están consientes de que los productos ecológicos reducen el daño al Medio Ambiente.

6.6.14.- LEALTAD DE MARCA

Es importante conocer los hábitos de compra en cuanto a marca, pues los productos ecológicos encuentran una barrera de entrada en los hábitos de compra del consumidor y en la no habitualidad del producto. Por eso la pregunta: ¿Siempre adquiere la misma marca?, a lo que se obtuvo:

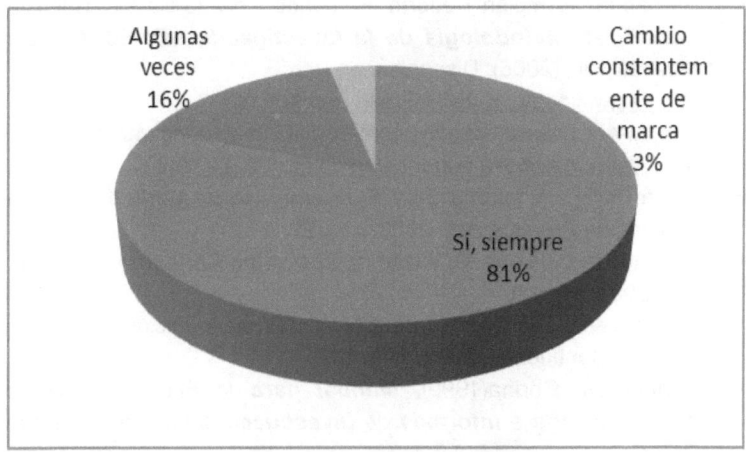

Grafico 6.6.14.- Lealtad de Marca

El desglose de los porcentajes es: 81% de la muestra consultada opinó que siempre adquiere la misma marca al momento de realizar sus compras, mientras que el 16% cambia de marca solo algunas veces y solo un 3% cambia constantemente de marca.

REFERENCIAS

- Alfaro, Limón, Martínez, Ramos, Universidad de Nuevo León, *Ciencias del Ambiente*, 2ª. Ed, México: gpo. Editorial Patria. Disponible en Web: http://www.farq.mx/PDF/Carrera_DI/DI_ProgAnalitico_5_Ambiente_y_Sustentabilidad.pdf
- Calomarde, J.V (2000). *Marketing Ecológico*. Ediciones Pirámide y Esic Editorial. Madrid.
- Chamorro, A (2001). *Marketing Ecológico; sí, Marketing Ecológico.* Publicado en Puertas a la Lecturas. Universidad de Extremadura. Disponible en Web:
- Fernández Nogales Ángel (2004). *Investigación y Técnicas de Mercado*. 2da. Edición. ESIC Editorial.
- Fuller, D.A. 1999 *Sustainable Marketing: Managerial-Ecological Issues*:pag:127
- Garavito Petersen,2009. Disponible en web: http://www.publicaciones.urbe.edu/index.php/cicag/article/viewArticle/640/1631
- Harvard Business Review, *Impact Media*, 2009, Pág. 68.

- Hernández Sampieri Roberto, Fernando Collado Carlos, Baptista Lucio Pilar, *Metodología de la Investigación*. 4ª. Ed. México: McGraw Hill, (2006). Disponible en web: http://en.wikipedia.org/wiki/Green_marketing http://www.culturamarketing.com/2008/07/marketing-verde http://www.metabase.net/docs/procomer/02929.html
- Kotler Philip y Amstrong Gary. *Fundamentos de Marketing*, Sexta Edición, de Prentice Hall, 2003, pag:56
- Labandeira, X.; León, C; Vázquez, *Economía Ambiental*, Pearson, M.X.2007, pag.12).
- Sandhusen L. Richard. *Mercadotecnia*, Primera Edición, Compañía Editorial Continental, 2002, Pág. 199.
- Schmelkes, Corina(1999*). Manual para la Presentación de Anteproyectos e Informes de Investigación*. Oxford University Press
- Xavier Labandeira, Carmelo J. León, Ma.Xosé Vázquez. (2007) *Economía Ambiental*. Ed. México: Pearson Prentice Hall.